重庆市教育科学规划重点课题"'双一流'建设背景下重庆高等教育国际化评估指标体系构建与应用研究"（2020-GX-018）项目资助

"双一流"建设背景下

高等教育国际化理论与实践研究

罗志高　赵昌汉　代　俊　胡歆韵　/ 著
刘　繁　唐　楷　李逸雪

西南财经大学出版社

中国·成都

图书在版编目(CIP)数据

"双一流"建设背景下高等教育国际化理论与实践研究/罗志高
等著.—成都:西南财经大学出版社,2024.4
ISBN 978-7-5504-6163-5

Ⅰ.①双… Ⅱ.①罗… Ⅲ.①高等教育—国际化—研究—中国
Ⅳ.①G649.2

中国国家版本馆 CIP 数据核字(2024)第 077000 号

"双一流"建设背景下高等教育国际化理论与实践研究

"SHUANGYILIU"JIANSHE BEIJING XIA GAODENGJIAOYU GUOJIHUA LILUN YU SHIJIAN YANJIU

罗志高 赵昌汉 代 俊 胡歆韵 刘 繁 唐 楷 李逸雪 著

责任编辑:王 利
责任校对:植 苗
封面设计:墨创文化
责任印制:朱曼丽

出版发行	西南财经大学出版社(四川省成都市光华村街 55 号)
网 址	http://cbs.swufe.edu.cn
电子邮件	bookcj@swufe.edu.cn
邮政编码	610074
电 话	028-87353785
照 排	四川胜翔数码印务设计有限公司
印 刷	郫县犀浦印刷厂
成品尺寸	170 mm×240 mm
印 张	11
字 数	183 千字
版 次	2024 年 4 月第 1 版
印 次	2024 年 4 月第 1 次印刷
书 号	ISBN 978-7-5504-6163-5
定 价	68.00 元

前　言

经济基础决定上层建筑，生产力决定生产关系，科学技术是第一生产力，每一次社会进步都伴随着科学技术的革新。传承人类文化知识离不开教育，科技创新也是在传承基础上的创新，尤其是在知识总量爆炸式增加和科学技术日新月异的今天，更需要多人多环节的密切合作才能实现科技创新。教育中居于重要地位的是高等教育，高等教育中跨领域跨学科的国际合作同样重要，它既是全球经济一体化和社会信息化的需要，更是人类社会进步和科技革新的需要。科学没有国界，高精尖科学技术却日益被少数发达资本主义国家垄断并且对其他国家搞技术封锁。当前，我国在完成第一个百年奋斗目标后开启了迈向下一个百年奋斗目标，实现中华民族伟大复兴的新征程，面临着西方资本主义国家的高科技封锁。为此，国家把发展和建设一流大学、一流学科作为重要的战略目标。

在"双一流"建设战略的推动下，我国高等教育事业以及高等教育的国际化建设不断推进。在"双一流"建设背景下，我国高等教育国际化的理论如何构建？如何以理论指导实践？这些议题亟待学术界开展研究，本书即为这一研究的尝试之作。

本书基于我国当下的历史发展阶段和国家面对未来的大战略现实，对"双一流"建设背景下我国高等教育的国际化进行理论构建和实践价值探讨。全书共9章。第1章是绪论，主要对我国高等教育的"双一流"建设背景进行介绍。第2章回顾了高等教育国际化的历史和现状，并梳理了高等教育国际化研究现状。第3章探讨世界一流高等教育及高等教育国际化的内涵和外延。本章首先探讨世界一流高等教育的内涵和特征，其次论述高等教育国际化的传统内涵和外延，最后论述了"双一流"建设背景下我国高等教育国际化的新内涵和新外延。第4章基于高等教育国际化的新内涵和新外延对高等教育国际化评价指标体系进行构建。第5章基于高等教育国际化评价新指标体系对我国西部典型高校的国际化现状进行评价。第6章、第7章分别进行国内和国际一流高校国际化发展的案例研究。第8章结合我国高等教育"双一流"建设战略背景论述高等教育国际化对培养一流国际化人才的作用。第9章立足我国高等教育"双一流"建设背景，提出了我国高等教育国际化的应对策略。

本书实现了历史与现实相结合、理论与实践相结合、论证与应用相结合，既有一定理论高度也具有一定现实操作性，可以为从事高等教育国际化研究的理论工作者、实践操作者以及高等教育决策者提供一定的参考。

本书写作分工如下：罗志高负责全书写作大纲和目录框架的设计，撰写了第8章和第9章、参与撰写了第2章并负责全书统稿；赵昌汉撰写了第1章；代俊撰写了第6章第1、2、3节；胡歆韵撰写了第4章和第5章；刘繁对全书内容与文字进行了全面审校；唐楷撰写了第3章和第6章的第4节，参与撰写了第2章，校对了全书的排版格式并补齐了相关文献和注释；李逸雪撰写了第7章。

在"双一流"建设背景下，高等教育国际化的理论与实践，在我国仍然是一个正在探索中的课题。本书写作者理论修养有限、数据获取受限，书中难免存在不足之处。但我们愿以此书抛砖引玉，吸引更多学者加入，对这一领域进行更科学、更全面的研究，促进我国"双一流"建设的发展。

罗志高

2024 年 4 月

目　录

1 绪论

1.1 我国高等教育迈入新发展阶段

经过几十年的努力建设，我国打赢了脱贫攻坚战，全面建成了小康社会，实现了我党的第一个百年奋斗目标，进入了新发展阶段。习近平总书记在党的十九届五中全会上指出，新发展阶段是全面建设社会主义现代化国家、向第二个百年奋斗目标进军的阶段①。新发展阶段，是建设以国内大循环为主体、国内国际双循环互相促进的新发展格局，是创新驱动的高质量发展阶段②。此外，我国还要面对以美国为首的西方国家针对中国发起的"卡脖子"技术封锁挑战。因此，一方面，我国高等教育有了更好的物质基础条件；另一方面，随着"双一流"建设战略的实施，我国高等教育肩负着培养面向世界科技前沿、面向经济主战场、面向国家重大需求、能服务于破解"卡脖子"关键核心技术领域的一流国际化人才，为经济高质量创新驱动发展提供高层次人才的任务。我国高等教育也相应地迈入了新发展阶段。

2000 年之前，我国高等教育处于精英教育阶段。在 1999 年大学大扩招 3 年之后，2002 年，我国的大学毛入学率就提升到 15%，进入了高等教育大众化阶段。2019 年，大学毛入学率达到 51.6%，2022 年升至 57.8%，

---

① 韩洁，吴雨，侯雪静，等. 向第二个百年奋斗目标进军的行动指南：解读《中共中央关于制定国民经济和社会发展第十四个五年规划和二〇三五年远景目标的建议》[EB/OL]. http://cpc.people.com.cn/GB/http:/cpc.people.com.cn/n1/2020/1104/c419242-31917784. html.

② 周跃辉. 习近平关于"双循环"新发展格局重要论述研究 [J]. 中共党史研究，2021(2)：14-22.

个别省份超过 65%①。进入新发展阶段，高等教育已经进入普及化阶段，我们要推动高等教育从"量"的增长转向更加注重"质"的提升。而在新发展阶段，高等教育高质量发展显得尤为迫切，这是高等教育作为科技、人才、创新的重要结合点的自身属性决定的，是高等教育作为上层建筑重要组成部分并服务于经济基础的基本属性决定的，也是社会主义高校必须坚持"四个服务"（"四个服务"是指：为中央党、政、军领导机关的工作服务，为国家的国际交往服务，为科技和教育发展服务，为改善人民群众生活服务）的本质属性决定的②。因此，推动高等教育高质量发展是服务新发展阶段的现实需要。

党的十九大报告明确了相应的战略部署：优先发展教育、加快教育的现代化建设、建成教育强国。其中，必须坚持以人民为中心的教育发展思想，提出新要求新举措以办好让人民满意的教育事业，要更加重视教育系统自身的实力全面增强，让教育具有服务于"五位一体"总体布局（"五位一体"总体布局是指经济建设、政治建设、文化建设、社会建设和生态文明建设"五位一体"，全面推进）的强大能力。2019 年，中共中央办公厅和国务院办公厅发布《加快推进教育现代化实施方案（2018—2022年）》及《中国教育现代化 2035》③，计划通过三个五年的努力，在 2035年实现教育现代化，建成教育强国、学习大国、人才强国。近年来，国家加大了对高等教育发展的扶持力度。2022 年，我国对高等教育的支出高于日本、韩国等亚洲国家，仅次于挪威、丹麦、芬兰等国，在参与调研的国家中名列前茅④。党的二十大在教育科技人才方面提出了以下要求：要坚持教育优先发展、科技自立自强、人才引领驱动，加快建设教育强国、科技强国、人才强国，办好人民满意的教育，完善科技创新体系，加快实施创新驱动发展战略，深入实施人才强国战略，不断塑造发展新动能新

---

① 邓洁文. 区分学位等级也许是提高高等教育质量的"良方" [EB/OL]. http://learning. sohu.com/a/633930215_121643132.

② 王海涛. 基于"四个服务"理念的高校学风建设 [J]. 沈阳大学学报（社会科学版），2022, 24 (4)：391-398.

③ 中华人民共和国中央人民政府. 中国教育现代化（2035）[EB/OL]. http://www.gov.cn/ xinwen/2019-02/23/content_5367987.

④ 梁建章, 任泽平, 黄文政, 等. 中国教育和人口报告 2023：高等教育和留学篇 [R/OL]. https://new.qq.com/rain/a/20230217A019OS00.

优势①。

我国高等教育的发展始终与国家和民族命运休戚相关，与国家战略需要同频共振。当前，随着我国经济发展水平的提高与国际环境的复杂变化，高等教育如何适应国家"双循环"新发展格局成为一个重大的时代课题。从服务国内大循环来看，要在培育经济增长新动能，形成更多新的经济增长极，强化关键环节、关键领域、关键产品保障能力等多个方面，输送高水平高素质人才。从服务国内国际双循环来看，当今世界，经济全球化仍是主要潮流，各国分工合作、互利共赢的长期趋势不会改变。在这样的时代背景下，高等教育所承担的国际交流功能更为凸显、作用更为特殊，更应秉持开放共享、合作共赢的理念，在教育合作中扮演更为重要的角色。因此，推动高等教育高质量发展是贯彻新发展理念的必然要求，也是构建新发展格局的重要基础。

目前，我国高等教育高质量发展还面临一些短板：国际影响力不足、话语权不够，与大国地位不匹配，与国家战略布局不适应。为此，我国有必要加强高等教育国际化，全方位引进、培养、用好人才，内外有机结合，造就更多的国际一流的科技领军人才和创新团队，增强国际竞争力，培养青年科技人才后备军。目前，我国正在构建以本国为主的对外开放新格局，统筹沿海和内陆开放，开放更多内陆地区，实现高质量引进和高水平输出。我国高校要加快适应国家战略布局的新要求，为新发展格局、新发展阶段、中华民族伟大复兴培养国际化一流人才。

1.2 "双一流"建设与"双万计划"

为了更好地发挥高等教育的引领作用，更好地服务于社会与经济的发展，我国高等教育改革从未停止。从 20 世纪 90 年代的"211""985"工程②，到近年来的"双一流"建设，改革目标清晰，改革步伐坚定。

为了面向 21 世纪迎接世界新技术革命的挑战，1995 年 11 月，经国务

---

① 中共中央组织部. 中共中央关于认真学习宣传贯彻党的二十大精神的决定[EB/OL]. ht-tps://www.12371.cn/2022/10/30/ARTI1667128006568362.shtml

② 我会报志愿. "211 工程"和"985 工程"详解：中国高等教育腾飞史[EB/OL]. https://baijiahao.baidu.com/s? id=1646480021828706912&wfr=spider&for=pc.

院批准，原国家计委、原国家教委和财政部联合发布了《"211 工程"总体建设规划》一文，"211 工程"正式启动。此工程是我国政府集中央和地方各方面之力，重点建设 100 所左右的高等学校（实际共 116 所高校入选）和一批重点学科与专业，力争使其达到世界一流大学水平。"211 工程"是国家"九五计划"期间提出的高等教育发展工程，是中华人民共和国成立以来国家在高等教育领域进行的规模最大的重点建设工程，也是高等教育事业的系统改革工程。

1998 年 5 月 4 日，江泽民同志在北京大学百年校庆上发表关于建设世界一流大学的讲话，开启了我国 39 所"211"大学升级入选为"985"大学的进程。"211"工程和"985"工程实施将近 20 年来，对促进我国高等教育的发展发挥了巨大的作用。很多非"985""211"高校发展也很快，但是受制于"非重点""非部属"的标签，学校的真实办学实力被社会低估，从而严重影响了我国高校的整体发展。为此，我国启动了与"211"工程大学、"985"工程大学一脉相承的"双一流"大学建设项目，努力打造不同历史时期的高水平大学。

"双一流"建设①，是"世界一流大学"和"世界一流学科"建设的简称，是我国高等教育领域的又一重大发展战略，是中共中央、国务院做出的重大战略决策。

2017 年 1 月，教育部、财政部、发展改革委联合印发了《统筹推进世界一流大学和一流学科建设实施办法（暂行）》，同年 9 月发布《关于公布世界一流大学和一流学科建设高校及建设学科名单的通知》，并正式公布"双一流"建设学校和学科名单：首批建设高校 42 所（A 类 36 所，B 类 6 所）、学科建设高校 95 所共 137 所，建设学科 465 个（自定学科 44 个）。"双一流"建设具体分为三个阶段：第一阶段，截至 2020 年年底，世界一流大学和学科行列中我国的大学和学科要有一定的数量，世界一流学科前列中要有一定数量的我国大学学科；第二阶段，截至 2030 年年底，世界一流大学和学科行列中我国的大学和学科占比越来越高，有一定数量的大学进入世界一流大学前列，一批学科进入世界一流学科前列，整体教育实力得到显著提升；第三阶段，到 21 世纪中叶（2050 年），我国一流大学和一流学科的数量和实力均进入世界前列，基本建成高等教育强国。

---

① 中华人民共和国教育部. "双一流"建设高校名单[EB/OL]. http://www.moe.gov.cn/s78/A22/A22_ztzl/ztzl_tjsylpt/sylpt_jsgx/201712/t20171206_320667.html? authkey=pbi1i3.

"双一流"建设旨在引入市场竞争机制，为所有大学提供平等的制度环境，加快我国高等教育面向世界强国的步伐。"双一流"高校的评选是一个动态的、竞争的过程，不是固化不变的，而是有进有出的。"双一流"建设高校和学科计划以五年为一个周期，所有高校都将面临来自"双一流"建设和评选的压力，将大大激发学校自身的建设动力。"双一流"建设也是我国高校在经历了大合并、大扩招之后的又一次调整定位。和过去20年来强调规模"大而全"不同，"双一流"建设强调的是突出特色，更强调专业学科建设，所有的"双一流"建设高校必须突出自己的核心与王牌学科。"双一流"建设并非"985""211"工程的翻版和升级版，而是全新的计划，是在新的历史潮流下把建设世界一流大学的事业向前推进。

　　党中央部署的"双一流"建设重大战略，意义非凡：实现中华民族伟大复兴、从大国迈向强国，必须有与其地位相匹配的世界一流大学；通过"双一流"建设，把我国建设成为国际学术中心，提升我国高等教育的综合实力和国际竞争力，培养出更多的高层次创新人才，有力地支撑中华民族复兴和建成现代化强国战略。

　　习近平总书记十分关心高等教育发展及其发展质量，极其重视"双一流"建设，多次在多个场合进行强调和论述，对高等教育的重要性、人才培养、一流教师、一流学术等都有明确的指示。习近平总书记认为，兴教则强国①。高等教育标志着一个国家的发展水平和发展潜力。目前，党和国家事业发展迫切需要科学知识和优秀人才、需要高等教育的优质发展。虽然我国高等教育的办学规模和每年的毕业生数量已经位居世界榜首，但规模的扩大并不代表质量和效益的提高。为此，习近平总书记在党的十九大报告②中提出我国高等教育的内涵式发展道路，它是我国高等教育发展的必由之路。

　　2018年5月2日，习近平总书记在北京大学师生座谈会上指出："国势之强由于人，人材之成出于学。"③ 我党的教育方针和各级各类学校的共同使命是培养社会主义建设者和接班人。办出中国特色的世界一流大学高

---

　　① 中华人民共和国教育部. 肖国安代表：全面贯彻党的教育方针，培养合格接班人[R/OL]. http://www.moe.gov.cn/jyb_xwfb/moe_2082/zl_2017n/2017_zl58/201710/t20171023_317150.html.

　　② 习近平. 决胜全面建成小康社会 夺取新时代中国特色社会主义伟大胜利[R/OL]. http://language.chinadaily.com.cn/19thcpcnationalcongress/2017-11/06/content_34188086.htm.

　　③ 中国共产党新闻网. 团中央传达学习习近平在北京大学师生座谈会上的重要讲话[EB/OL]. http://dangjian.people.com.cn/n1/2018/0504/c415590-29965143.html.

校的根本出发点是培养社会主义建设者和接班人。大学对青年成长成才发挥着重要作用，要培养社会发展所需要的人才。古今中外，每个国家培养人才都有自己的政治要求，要让世界一流大学的成长为自己国家的发展服务。我国社会主义教育就是要培养社会主义建设者和接班人。

2021年4月19日，习近平总书记在清华大学考察时再次强调了中国特色社会主义一流大学建设这个关键点及其根本要点："要培养德智体美劳全面发展的社会主义建设者和接班人。"① 要不停地追求一流、不断超越；要培养一流人才方阵；要全面提高人才培养质量，坚持立德树人，着力培养国家所想、所急、所需的人才，着力培养担当民族复兴大任的时代新人。

关于一流大学的学术要求，习近平总书记指出，要提升原始创新能力②。要注重基础研究、策源科技的重大突破，健康学术生态、催生一流学术成果和培养一流人才，要勇克"卡脖子"的关键技术和核心技术，要深度融合产、学、研，促进科技成果的实用性转化。要打破学科或专业壁垒，加强国际交流合作，共同应对全球性挑战，命运与共、共同进步。

在党的二十大报告中，习近平总书记强调要进一步深化教育，要继续坚持教育优先发展，加快建设教育强国、科技强国、人才强国，深入实施人才强国战略。

深刻理解习近平总书记就高等教育"双一流"大学建设的方向和道路做出的新的重要论述，对于坚定大学发展信心、走好中国特色社会主义教育发展道路具有重大而深远的意义。

2019年4月4日，教育部办公厅正式发布《关于实施一流本科专业建设"双万计划"的通知》（简称"双万计划"）③，即：三年内建设10 000个国家级一流本科专业点和10 000个省级一流本科专业点，并于2019年11月开始实施。国家级一流本科专业建设分三年完成。省级一流本科专业建设方案由各省（自治区、直辖市）教育厅制订，建设总量不超过本行政区域内本科专业布点的20%，分三年统筹规划，报教育部备案后与国家级一流专业建设同步组织实施。

---

① 胡浩，王思北. 向中国特色世界一流大学迈进：习近平总书记在清华大学考察时的重要讲话激励高校师生砥砺奋进[EB/OL]. http://politics.people.com.cn/n1/2021/0420/c1024-32082068.html.

② 肖伟光. 人民日报思想纵横：更加注重原始创新[EB/OL]. http://opinion.people.com.cn/n1/2020/1027/c1003-31906869.html.

③ 中华人民共和国教育部. 教育部办公厅关于实施一流本科专业建设"双万计划"的通知[EB/OL]. http://www.moe.gov.cn/srcsite/A08/s7056/201904/t20190409_377216.html.

1.3　我国新发展阶段的高等教育国际化

在新时代背景下，高等教育的发展中高等教育国际化不可或缺，其对人才培养、科技创新、社会与经济发展的促进作用日益凸显。更多国家认识到这一点并将高等教育国际化上升为国家发展战略。我国亦不例外，颁布了多项促进教育对外开放发展的政策，把高等教育国际化纳入国家战略发展规划。在新时代背景下，我们需要进一步探索高等教育国际化的发展策略，以实现高质量内涵式发展。

高等教育国际化这一学术概念兴起于20世纪中叶，美国学者布茨[①]提出了大学国际化的五个方面：国际化的课程内容、培训流动、跨国研究、研究人员和学生的跨国流动、保证教育扶持与合作的国际体系。简·奈特提出高等教育国际化的"过程学说"[②]，涉及院校和国家两个层面，国际、跨文化或者全球化三个维度，高等教育目的、功能和供给三个领域。高等教育国际化发展为经济全球化提供知识并输送高素质的人力资源。

各主要国家和地区都积极推动本区域高等教育国际化进程。日本在20世纪50年代中期开始以国际化观念推行教育改革[③]。美国在1966年制定了《国际教育法》[④]，并在此后连续出台了多个政策以推动教育国际化进程。欧洲29国的教育部长在1999年签订了《博洛尼亚宣言》[⑤]。进入21世纪，高等教育国际化发展日益迅猛：2012年，美国颁布了《全球性的成功：国际教育及参与（2012—2016年）》，首次把国际教育置于国家安全的战略高度[⑥]；2012年，加拿大发布了《国际教育：加拿大未来繁荣的关键驱动力量》[⑦]；

---

① 李岩. 中国大学国际化内涵及评估指标筛选 [J]. 高教发展与评估，2013，29（5）：55–62，102–103.

② KNIGHT J. Internationalization remodeled: definitions, rationals and approaches [J]. Journal for Studies in International Education，2004，8（1）：7.

③ 杨婧，吴坚. 日本高等教育国际化的发展与特点 [J]. 文教资料，2009（35）：113–115.

④ 李爱萍. 美国"国际教育"：历史、理论与政策 [D]. 上海：华东师范大学，2005.

⑤ 360 百科. 博洛尼亚宣言[Z/OL]. https://baike.so.com/doc/145095-153333. html.

⑥ 谢淑海，熊梅. 美国国际教育的价值取向与行动路径：基于《美国联邦教育部国际战略（2012—2016 年）》的分析 [J]. 世界教育信息，2014，27（20）：16-20.

⑦ 周付军，李天峰，付城. 加拿大国际教育战略的动力转换战略转向与经验启示 [J]. 高教探索，2021（12）：81-88.

2013 年，英国颁布了国际教育战略——《国际教育战略：全球增长和繁荣战略地图》①；2015 年，联合国教科文组织发布《重新思考教育：迈向全球共同事业》，指出教育要进一步成为全球的"共同事业"②。

自改革开放以来，我国的高等教育国际化事业不断发展，形成了多层次、宽领域、全方位的对外开放格局。自 2001 年中国加入 WTO（世界贸易组织）以来，我国的高等教育国际化进入快速发展期，在国际合作办学、师生国际交流、项目国际合作等方面成绩斐然。2010 年，国家出台《国家中长期教育改革和发展规划纲要（2010—2020 年）》③，明确提出了高等教育国际化目标蓝图。该纲要提出："培养大批具有国际视野、通晓国际规则，能够参与国际事务和国际竞争的国际化人才。"高等教育国际化应当渗透到人才培养的全过程，深入到课堂教学和实践等核心要素中，要打破专业壁垒并鼓励学科交叉，与国际的教学内容和课程体系接轨。要将国际前沿问题和技术成果引入课堂。要增设跨文化、涉外专业或与国际事务相关的课程，培养学生的国际视野，建构和提升学生的国际化思维。要引进原版教材，加大提升外语课程的比例，创造相对纯粹的外语授课和学生实践环境，在教学过程中提升学生的外语水平和跨文化交流能力。

虽然我国高等教育国际化发展的速度和规模成绩斐然，但与此同时，也存在着如国际化办学能力和质量与规模和速度不相匹配，引进优质教育资源不足、分配失衡，中外合作办学层次低、学科或专业设置重复，学生双向流动不均衡，国家发展战略急需的人才培养不足等问题。因此，2016年，中共中央办公厅、国务院办公厅出台了《关于做好新时期教育对外开放工作的若干意见》④，教育部又出台了配套文件《推进共建"一带一路"教育行动》⑤，成为全面指导我国教育对外开放事业的纲领性文件。这些文件体现出三个特点：服务大局、双向开放、提升水平，标志着我国高等教育对外开放事业由"发展"阶段进入"提质增效"阶段。

---

① 白利超. 英国高等教育国际化战略及其举措［J］. 世界教育信息，2015，28（16）：66-71.

② 学校大全网. 展望 2020 前后的中国教育国际化［EB/OL］. http://www.guojixuexiao.net/ischool/gjnews/2019-04-28/4192. html.

③ 中华人民共和国中央政府. 国家中长期教育改革和发展规划纲要（2010—2020）［EB/OL］. https://www.gov.cn/jrzg/2010-07/29/content_1667143. htm.

④ 中华人民共和国中央政府. 关于做好新时期教育对外开放的若干意见［EB/OL］. https://www.gov.cn/xinwen/2016-04/29/content_5069311. htm.

⑤ 中华人民共和国教育部. 教育部关于印发《推进共建"一带一路"教育行动》的通知［R/OL］. http://www.moe.gov.cn/srcsite/A20/s7068/201608/t20160811_274679. html.

习近平总书记也极其重视高等教育国际化，指出："要扩大教育开放，同世界一流资源开展高水平合作办学。"① 只有主动加强合作，开放参与国际教育竞争，才能不断提升办学水平，吸引全球优秀学生和学者，搭建文化和文明交流互鉴的桥梁，成为科学文化交流的重要阵地。我们需要坚持深化教育改革创新，在向外努力的同时也向内努力，内外结合建设跨学科、跨领域的国际科研合作平台，在重要基础科学、技术、工程等学科领域进行全球布局；解决在治理体系、人事制度、教育模式、科研机制、资源配置等方面的深层次矛盾和问题，并建成适应国际化办学的学校管理体系。国内国际形势都要求我们努力提升国际化办学能力，从而增强我国高等教育的全球影响力和竞争力，为民族复兴做出更大的贡献。

综上所述，我国高等教育，首先实现了规模和数量的突破，其后通过"211"工程和"985"工程实现了重点学科和学校的质的发展和突破。经过多年建设后，我国社会发展进入了新阶段，对高等教育提出了新的要求。作为回应，高等教育以"双一流"建设、"双万计划"为目标，以高等教育的国际化为提升实力的重要途径之一，向世界教育大国甚至世界教育强国迈进，以实现中华民族的伟大复兴和第二个百年奋斗目标。

---

① 中华人民共和国教育部. 从根本上解决教育评价指挥棒问题：五论学习贯彻习近平总书记全国教育大会重要讲话精神[EB/OL].http://www.moe.gov.cn/jyb_xwfb/xw_zt/moe_357/jyzt_2018n/2018_zt19/zt1819_gd/mtpl/201809/t20180917_348987.html.

2　高等教育国际化的历史与现状研究

2.1　全球高等教育国际化的历史与现状

2.1.1　全球高等教育国际化历史简述

高等教育国际化的历史渊源，上溯可达古希腊①和古埃及。当时古希腊游学之风盛行，高等教育自萌芽之初便有了国际交流，只不过范围狭小，所涉国家不多，可算邻国区域国际化。当时知识为世界所共享，人们自由追求先进知识，到处求学交流。拜占庭学者勃伦亚受到广泛欢迎，来自欧洲各地的学者视巴黎、剑桥为家②③。欧洲各国当时普遍采用拉丁语教学，课程相差无几，文凭级别相同，此时代持续至 16 世纪。

在 16 世纪，欧洲发生了基督教改革运动④，兴起了各种教学流派，传统的知识观因宗教信仰而生樊篱，受到了极大损害。在 1618—1648 年，欧洲 30 年战争⑤可算有史以来最大规模国际战争，传统的知识更加为地方政权或者教派所拥有，此时代持续至现代欧洲。

进入 20 世纪以来，并存于学术界的家国主义和世界主义都有所改变。随着科学技术的发展，全世界广泛认可科学知识。

在第二次世界大战结束后，真正意义上的国际化才开始萌发，东西方"冷战"结束后，国际化才真正到来。在这个信息技术急速发展的时代，

---

① 苏敏，虞荣安. 中国高等教育国际化的历史渊源与现状分析 [J]. 西北工业大学学报（社会科学版），2014，34（2）：84-88.
② 陈学飞. 高等教育国际化：从历史到理论到策略 [J]. 上海高教研究，1997（11）：59-63.
③ 代芳芳. 高等教育国际化：从历史到理论到策略 [J]. 传播力研究，2019，3（31）：10-11.
④ 360 百科. 欧洲宗教改革[EB/OL]. https://baike.so.com/doc/5883034-6095912. html.
⑤ 360 百科. 三十年战争史[EB/OL]. https://baike.so.com/doc/9599711-9945190. html.

各国的发展更加依赖于信息技术和知识的广泛应用，各国的问题也成为全球性问题。知识逐步走向全球化，知识更加不受国界的限制。学者普遍相信：未来的发展中必须具备足够的国际知识和经验，高校必须适应这种知识全球化潮流，接受新的理念，向国际化方向发展。

20 世纪 80~90 年代，商业资本在全球扩散，全球一体化进程广泛展开，知识经济社会形态的出现以及新兴经济体高等教育适龄人口的井喷式增长，都为高等教育的国际化趋势提供了内在驱动力。

在经济全球化浪潮下，高等教育作为服务商品，实现了跨境交付，为高等教育国际化创造了适宜的外部条件。世界贸易组织将教育作为一项服务商品列入关贸总协定，为高等教育商品化创造了合理性前提。同时，在新公共管理主义和新自由主义的旗帜下，高等教育被视为一项私人物品，超越了其作为公共物品的传统属性，进一步促使高等教育商品化。尤其是随着西方国家政府对高等教育的拨款持续减少以及高等学校社会法人地位的进一步深化，西方高校将国际学生的学费作为经费的重要来源之一，变相地促成了高等教育国际化。

英国高等教育市场化改革始于撒切尔政府的私有化改革，是改革外溢至教育领域的结果。在市场化改革思路下，英国政府从 1980 年起面向国际学生推行"全额成本学费"制度①，即按照本国学生学费的 5~6 倍收费。国际学生的学费收入及其在英国的消费性支出不仅解决了英国高校所面临的财政危机，也带动了英国本土经济增长，创造了更多就业岗位。

在 20 世纪 80 年代以前，澳大利亚政府及高校对高等教育国际化的理解仍停留在对外援助思维上，并未从经济发展角度对高等教育国际化进行理解。但从 1985 年开始，尤其是随着英国政府宣布在国际学生招收政策方面的改革，澳大利亚对其高校所招收的全额自费国际学生不再进行限制，从而形成了澳大利亚以贸易为导向的高等教育国际化模式②。根据相关研究③，仅 1983—1996 年，澳大利亚招收的国际学生的数量增加了 14%。澳

---

① 黄永林. 英国高等教育国际化的动因、特点及其启示 [J]. 国家教育行政学院学报，2006 (2)：83-88.

② 甘永涛. 澳大利亚高等教育国际化的历史形态：起因、发展与未来趋势 [J]. 高等理科教育，2021 (2)：116-123.

③ 张亚群，李慧. 澳大利亚高等教育国际化的发展及启示 [J]. 河北师范大学学报（教育科学版），2021，23 (6)：57-67.

大利亚的高等教育国际化亦很注重"企业大学"① 的发展。

为保持其高等教育作为商品输出的竞争性，西方国家设计了一系列教育产品，包括提供高等教育海外②（跨境）学习计划的实施和本地化学习计划（建立海外或境外分校），以及围绕这两大产品而构建支持体系。例如，支持英语语言外籍教师的国际输出、设立海外或境外语言培训中心和海外或境外招生办公室、设立跨国流动综合服务体系（如提供签证信息服务、面向国际学生的在地服务、为促进跨境流动的国际学生融入当地社区而提供的支持、为不跨境流动的国际学生提供本土本校就能达成的高等教育国际化服务等）。

高等教育国际化源于上述历史过程，现在已成为新时代的新潮流。

2.1.2 全球高等教育国际化学术史简述

关于"高等教育国际化的理论是什么"这个问题，因视角不同而诠释各异。美国著名教授哈若瑞侧重于精神气度，更强调"积极的态度和全球意识"③，要求树立全球意识并形成国际化的精神氛围。欧洲国际教育协会把国际教育视为范围广大的相关活动，"倾向于本国较少，倾向于国际发展较多"的一个总体过程④。我国著名学者汪永铨持由内向外的发展观点，认为"各个国家高等教育在面向国内的基础上向国际化方向发展"⑤。

S. Groennings（1987）认为高等教育历史上最有力的实质性发展就是国际化⑥⑦。1995 年，联合国教科文组织把国际化确定为现代高等教育发展的三个核心概念之一⑧，Davies 提出了著名的戴维斯四象限国际化发展

---

① 李楠. 外国企业大学发展研究 [D]. 上海：华东师范大学，2011.
② 说明一下：本书中的"海外"均包括"境外"，以下不再一一说明。
③ 张淑芳. 高等教育国际化的内涵及评价体系 [J]. 现代经济信息，2014（4）：381-382.
④ 唐轶. 欧洲高等教育一体化研究 [D]. 南京：南京理工大学，2004.
⑤ 汪永铨. 教育大辞典（高等教育卷）[M]. 上海：上海教育出版社，1991.
⑥ 刘婷婷. 高等教育国际化的内涵与外延 [J]. 课程教育研究，2013（19）：12.
⑦ HAN DE WIT. Internationalization of Higher Education in the United States of America and Europe [M]. London：Greenwood Press，2002：Introduction.
⑧ 胡斌，马江. 大力推进教育国际化 办好面向世界的重庆高等教育 [J]. 世界教育信息，2014，27（1）：54-57.

策略①。J. Currie 和 J. Newson 等探讨了大学在经济及文化全球化中的作为②。U. Teichler 探讨了欧盟在高等教育国际化中的作用③。Schoorman 指出,深入推动高等教育国际化发展的基础是对高等教育国际化概念、历史、成因及运作模式的澄清④。Neave 提出了"领导者驱动型"和"基层单位推动型"两种高等教育国际化发展策略⑤。H. De Wit 研究了美国和欧洲高等教育的国际化发展概况⑥。Luijten Lub 以制度理论为理论基础,通过实际案例探讨了大学应该如何回应欧洲化、国际化以及全球化⑦。Hurd 采用组织变迁视角,通过实际案例构建了一个一般模型来分析如何实现大学的国际化变迁⑧。

简·奈特为高等教育国际化研究的知名学者,对高等教育国际化的理论框架进行了定义:"在院校与国家层面,把国际的、跨文化的、全球的维度整合进高等教育的目的、功能或传递的过程"⑨;奈特认为,高等教育国际化,就是在院校和国家层面,将高等教育目的、功能和供给融入国际、跨文化或者全球化维度的过程,它为经济全球化提供知识并输送高素

---

① JOHN L DAVIES. University Strategies for Internationalization in Different Institutional and Cultural Settings: A Conceptual Framework [M] //BLOK P (Eds). Policy and Policy Implementation in Internationalization of Higher Education. Amsterdam: EAIE, 1995.

② CURRIE J, NEWSON J. Universities and Globalization: Critical Perspective [M]. London: Sage Publications, 1998.

③ TEICHLER U. Internationalisation Challenge for Higher Education in Europe [J]. Tertiary Educationand Management, 1999, 5 (1): 5-22; DE WIT H. Internationalization of Higher Education in the United States of America and Europe: A Historical, Comparative, and Conceptual Analysis [M]. Westport, CT: Greenwood Press, 2002.

④ SCHOORMAN CHILDRESS L. Internationalization Plans for Higher Education Institutions [J]. Journal of Studies in International Education, 2000, 13 (3): 289-309.

⑤ NEAVE RUMBLEY L. Internationalization in the Universities of Spain: Opportunities, Imperatives, and Outcomes [D]. Chestnut Hill, MA: Boston College, 2007.

⑥ DE WIT H. Internationalization of Higher Education in the United States of America and Europe: A Historical, Comparative, and Conceptual Analysis [M]. Westport, CT: Greenwood Press, 2002.

⑦ LUIJTEN-LUB, QURESHI M I, JANJUA S Y, ZAMAN K, et al. Internationalization of Higher Education Institutions: Implementation of DMAIC Cycle [J]. Scientometrics, 2014 (98): 2295-2310.

⑧ HURD TURCAN R V, GULIEVA V. University internationalization and university autonomy: toward a theoretical understanding [EB/OL]. https://link.springer.com/chapter/10.1057/9781137388728_15: 215-235.

⑨ KNIGHT J. Updating the Definition of Internationalization [J]. International Higher Education, 1996 (33): 2-3.

质人才①。奈特还进一步探讨了高等教育国际化的新挑战和新方向②。

联合国教科文组织（UNESCO）下属的国际大学联合会（IAU）把高等教育国际化定义为："把跨国和跨文化的观点和氛围与大学的教学、科研和社会服务等主要功能相结合的过程。"③

高等教育国际化的概念是不断发展的，其内涵不断深化和拓展，随着交流与合作的加深，全球高等教育国际化呈现全方位、多层次、宽领域发展态势。高等教育国际化不是"简单增量"，而是"复杂变量"。国际化并非简单地增加交换生和在校留学生数量，亦非多召开几次国际学术会议、多延聘几位外籍教师、多开设几门外语课程或多设立几个"国际日"，更重要的是教学理念、教学内容和教学方法等方面的更新。

2.1.3 全球高等教育国际化现状简述

当今世界正处于百年未遇的大发展大变革时期，新兴国家市场和发展中国家的群体性崛起正在打破旧的全球政治与经济秩序，一种新的全球权力平衡机制正在加速形成，全球化不仅表现出一以贯之的断裂性，还表现出多变性与反复性。在新变化的浪潮中，西方高等教育国际化实践呈现出新的样态。

（1）西方高等教育模式将被进一步"去中心化"。现代大学体制滥觞于欧洲大陆而兴起于美国。随着商业资本、人力资源、文化符号等在全球的扩张与流通，高等教育的西方模式被迁移至不同的文化情境中，因而世界各国的高等教育模式都不可避免地成了舶来品，都不同程度地嵌入了西方模式所规定的内在要求，形成了高等教育"中心—边缘"的场域结构。基于这种场域结构而形成的高等教育国际化实践的主要类型及其空间流向，体现出以西方为中心的特征。这样一种场域结构所生成的话语权力限制了非西方国家对全球化的想象及其关涉领域，导致各国把西方国家对高等教育的理解作为其制定具体规制及政策的参照物。然而，各国高校的国

---

① KNIGHT J. Updating the Definition of Internationalization [J]. International Higher Education, 2004（33）：2-3.

② PEREZ-ENCINAS A. A collaborative approach in the internationalisation cycle of higher education institutions [M/OL] //European higher education area：The impact of past and future policies. 2018：107-118. library. open. org.

③ 刘丽，戴蓉. 高等教育国际化视野下高校人才培养浅议 [J]. 吉林省教育学院学报（上旬），2013，29（2）：64-65.

际化实践行为仍离不开其所在民族国家规制的框架，这尤其体现在非西方国家在开展高等教育国际化实践的丰富样态上。这种多样态性的趋势并未与以西方为中心的传统实践模式发生明显抵触，甚至还呈现出一定的互补性特点。在过去的十几年里，在创设世界一流高校的浪潮下，亚洲高校的崛起对高等教育全球化的内涵做出了新的诠释。面对全球政治、经济和文化发展的变化外溢本国，高等教育国际化实践的多样态性特征将得到进一步强化，高等教育国际化以西方为中心的路径依赖将被打破。

（2）传统范式向多元范式进一步转换。首先，高等教育国际化正加速从一个以人员流动为基本特征的"松散化"的相对"无序状态"朝一种愈加制度化的范式转换，体现出战略性议程设置的特点。无论是剑桥大学等西方大学，还是东京大学等亚洲高校，均制定了国际化发展战略，以一种"过程化"的系统观推动国际化发展。国际化不仅从高等教育发展的边缘位置来到了中心位置，更是不断巩固了其中心位置。其次，新型冠状病毒感染疫情在全球范围内对高等教育国际交流合作的阻断为各国政府及高校加强在地国际化实践提供了窗口期。以在线教育为主要实施手段的在地国际化实践将成为传统实践的重要补充，为高等教育国际化的普及提供了一种可能性实践。再者，根据吴寒天和查强提出的高等教育国际化模式的新类型框架，处于"边缘"或"半中心"位置的高校正在从一种"向内"的模式向一种"向外"的模式转变，正构建一种"双向"交流模式①。同时，这种流向的转变，不仅体现在人员、资源等物质要素上，还体现在知识的跨国整体性迁移上。

（3）从"中心—边缘"格局到多中心的形成。新型冠状病毒感染疫情在时空意义上所造成的全球互动的中断惊醒了将高等教育作为经济增长点之一的部分西方国家。根据国际大学联合会（IAU）②的报告，全球有近60%的高校遭受影响。在美国、澳大利亚等国家，甚至有接近90%的民办高校面临关闭的风险。当前，虽然在线教育能够补充跨境教育不足的问题，但物理性流动仍然是不可替代的实施跨境教育的主要解决方案。一方

---

① WU H T, ZHA Q. A new typology for analyzing the direction of movement in higher education internationalization [J]. Journal of Studies in International Education, 2018, 22 (3): 259-277.

② JENSEN TRINE GIORGIO MARINONI, HILLIGJE VAN LAND. Higher Education One Year into the COVID-19 Pandemic Second IAU Global Survey Report[R/OL]. https://www.iau-aiu.net/IMG/pdf/2022_iau_global_survey_report.pdf.

面，西方高等教育传统强国对国际学生的显著吸引力将持续保持但会被分散。根据"先发劣势"理论，西方高等教育传统强国存在对先发学术场域和传统国际交流合作范式的路径依赖，在知识创新和技术创新领域表现出一定程度的滞后性。另一方面，得益于高等教育质量提升、全球学术场域中的话语能力持续提升、良好的科技创新政策和文化空间、灵活的奖学金体系等因素，包括中国、印度、韩国在内的新兴经济体正逐渐成为国际留学生新的目的地。值得注意的是，根据国际货币基金组织（IMF）①估算，中国和印度 2022 年和 2023 年的经济年增长率将维持在 5% 以上，而欧美国家 2022 年的经济年增长率均值为 3.9% 以下。可以预见的是，随着国际学生从南到北的单向流动正逐渐转变为现今的多向流动，高等教育全球市场版图正在被重塑。

（4）高等教育国际化功能话语转向。根据奈特在 2004 年对高等教育国际化所做出的经典定义，高等教育国际化是将国际的和跨文化的维度融入教学、科研的过程。为突出高等教育的功能，奈特在其原有定义上进行了修正，即"在国家、部门和机构层面的国际化是一个将国际化的、跨文化的、全球化的维度整合进高等教育的目的、功能和办学的过程"②。

从过去十余年来看，各国高校已有意识地通过国际交流合作，更大程度地介入那些关乎人类重大利益的共同问题。这包括实施大范围的文化项目以提升国家文化软实力、构建双边及多边的高校国际联盟等。这正如德维特（H. De Wit）和阿特巴赫（P. G. Altbach）③指出的，高等教育国际化应更多地聚焦于如何提升高等教育质量和研究水平，以及如何才能够更多地造福于人类社会。不仅如此，当前霸权主义与权力多极化之间的激荡愈发激烈，全球权力体系与均势结构正进入深度调整期，西方文化中的价值观遭到进一步动摇，而高等教育国际化中那种西方化的（主要是"盎格鲁—撒克逊式"的以英语为学术语言）并带有"强制性"的典型范式也将被修正。

（5）高等教育国际化"自我意识"进一步政治化。从中世纪开始的教育国际化以"游学""游教"为典型特征，当时知识无国界，可以自由传

---

① 国际货币基金组织. 应对生活成本危机 [J/OL]. https：//www.imf.org/zh/Publications/WEO/Issues/2022/10/11/world-economic-outlook-october-2022.

② KNIGHT J. Higher Education in Turmoil [M]. Rotterdam：Sense Publishers, 2008：21.

③ 余咏梅. 阿特巴赫比较高等教育思想研究 [D]. 石家庄：河北大学，2009.

播，体现出了高等教育国际化的"弱政治性"或"政治中立性"。西方高校曾以学术自由和高校自治作为其最古老社会组织存续的根本性条件，尝试远离政治斗争的漩涡。然而，当前，西方高等教育国际化实践表现出典型的政治意识。比如在中美贸易战期间，为打压并限制中国高科技产业崛起，特朗普政府通过出台法案和控制签证等手段，限制中国学生赴美国学习 STEM 相关专业。再从最近的俄乌冲突来看，为表示对俄乌冲突的抗议，欧盟于 2022 年 3 月 4 日起暂停了俄罗斯参与"欧洲地平线计划"的资格，并终止了在该计划框架下已经开展的相关研究项目。而从 2022 年 3 月起，俄罗斯当局也下令驱逐反战外国学生。可以预见，在这样一个全球化浪潮与反全球化浪潮激荡的时代，无论是主动介入还是被动卷入，西方国家高校都将在各种政治议程中保持更为鲜明的价值立场，以表明其向"政治正确"的无限靠拢，高等教育的价值无涉性也将真正成为一去不复返的"乌托邦"，其中的政治意识逐渐增强。

总之，全球高等教育国际化发展到了全新阶段，实现方式更新并表现出一些新特征，值得高等教育国际化主体国家深刻反思和谨慎应对。

2.2 我国高等教育国际化的历史与现状

2.2.1 我国高等教育国际化的历史简述

我国春秋、战国时期的游学和"百家争鸣"就带有教育国际化的特征，可算是我国高等教育国际化的萌芽阶段，至少就高等教育的区域国际化来说是这样的。唐朝时期的各国遣唐使、玄奘西行、鉴真东渡等可算是高等教育国际化现象。

在近代洋务运动中，"西学东渐"，逐步发展出了我国真正意义上的高等教育。虽然洋务运动的指导思想为"中学为体，西学为用"，但当时的高等教育制度都是模仿西方的。其后，国内学生赴日求学的规模空前，政府也派官员赴日考察、聘请日本教习、翻译日语书籍，从多种途径学习日本，大学教育制度也主要仿效日本。

北京大学校长蔡元培积为推崇德国大学模式①，推出一系列改革措施，使得德国大学模式受到广泛关注，其中的"学术自由""教授治校""大学自治"②影响深远，成了我国其他大学纷纷效仿的榜样。19世纪20年代以后，留美学生大批回国，尤其是杜威等美国教育家来华讲学，反响极大，我国大学的日本模式逐渐被美国的教育体制取代。

新中国成立后，全面学习苏联经验的高潮迭起，我国此时的高等教育制度照搬苏联模式，高等教育国际化成为全面"苏联化"。

改革开放后，我国逐渐恢复高等教育国际化，国家逐渐出台各种全新的高等教育国际化政策，开启了高等教育国际化的黄金时代。1983年，邓小平同志提出"教育要面向现代化、面向世界、面向未来"，为教育国际化指明了发展方向。从此，我国教育事业积极探索，建立和健全管理体系，高等教育国际化水平得到了全面提升。

20世纪90年代以来，中国高等教育国际化事业更是迈开大步，进展迅速，"国际化"成为各高校办学发展的重要战略目标之一。2010年7月，国务院印发《国家中长期教育改革和发展规划纲要（2010—2020年）》（下文简称《纲要（2010—2020）》），明确提出要"加强国际交流与合作"；"适应国家经济社会对外开放的要求，培养大批具有国际视野、通晓国际规则、能够参与国际事务和国际竞争的国际化人才"。2015年10月，国务院印发《统筹推进世界一流大学和一流学科建设总体方案》③，进一步对推进高等教育国际交流合作提出明确的要求。2016年4月，中共中央办公厅、国务院办公厅印发《关于做好新时期教育对外开放工作的若干意见》④，对新时期高等教育对外开放工作进行重点部署。2016年7月，教育部印发《推进共建"一带一路"教育行动》⑤，强调高等教育国际化服务国家"一带一路"倡议，将高等教育国际化与国家重大发展战略相结合。

---

① 徐敏. 民国时期现代大学制度的形成与启示［J］. 当代教育论坛（宏观教育研究），2008（10）：30-32.

② 赵晓力. 学术自由、大学自治与教授治校［J］. 书城，2003（8）：64-68.

③ 人民网. 国务院印发《统筹推进世界一流大学和一流学科建设总体方案》［EB/OL］. http://politics.people.com.cn/n/2015/1106/c1001-27783012. html.

④ 中华人民共和国中央人民政府. 中共中央办公厅、国务院办公厅印发《关于做好新时期教育对外开放工作的若干意见》［EB/OL］. https://www. gov. cn/xinwen/2016－04/29/content_5069311. htm.

⑤ 中华人民共和国教育部. 教育部印发《推进共建"一带一路"教育行动》的通知［R/OL］. http://www.moe.gov.cn/srcsite/A20/s7068/201608/t20160811_274679. html.

2017 年 2 月，中共中央、国务院印发《关于加强和改进新形势下高校思想政治工作的意见》①，首次在国家层面把"国际交流合作"新增为大学的第五项职能。党的十九大报告指出，加快"双一流"建设，实现高等教育内涵式发展，对高等教育国际化提出了更高的要求，旨在扩大对外开放程度，借鉴国际先进理念和经验，引进境外优质资源，多层次、宽领域提升国际合作交流，最终提升我国教育的国际竞争力和影响力。党的二十大报告指出，要进一步深化高等教育国际化，深入实施人才强国战略。

我国高等教育国际化呈上升发展趋势，现在进入到提质增效的内涵式发展阶段，以服务于我国的第二个百年奋斗目标和中华民族的伟大复兴。

2.2.2　我国高等教育国际化学术史简述

在中国，龚放和赵曙明最早提出了高等教育国际化的概念②。杨会良、王悦欣认为，20 世纪 90 年代之后，高等教育国际化已经成为高等学校的第四职能③。2000 年，随着我国加入 WTO，高等教育国际化成了高等教育研究的热点，诸多学者深入研究，涵盖了概念、内涵、特征、模式、动因、路径及趋势等多方面④⑤⑥⑦⑧。另外，魏腊云等认为，高等教育国际化旨在探索真理、发展知识，是没有国界的事业⑨。刘兰芝持个人发展说，主张以人的全面发展和人类共同发展为其推动力⑩。

陈飞宇、单春艳认为，成为世界第二大经济体及"一带一路"倡议等

---

①　中华人民共和国中央人民政府. 中共中央办公厅、国务院办公厅印发《关于加强和改进新形势下高校思想政治工作的意见》［EB/OL］. https://www.gov.cn/xinwen/2017 - 02/27/content_5182502. htm.

②　龚放, 赵曙明. 大学国际化：高等教育发展趋势［J］. 高等教育研究, 1987（4）：29-35.

③　杨会良, 王悦欣. 二战后世界高等教育国际化的演进与发展［J］. 河北大学学报（哲学社会科学版）, 2005（2）：61-64.

④　汪旭晖. 高等教育国际化的动因与模式：兼论中国大学国际化的路径选择［J］. 辽宁教育研究, 2007（8）：90-93.

⑤　孟照海. 高等教育国际化的动因及其反思［J］. 现代教育管理, 2009（7）：16-19.

⑥　金帷, 温剑波. 如何定义高等教育国际化：寻求一个本土化的概念框架［J］. 现代大学教育, 2013（3）：5-9, 112.

⑦　方红, 周鸿敏. 高等教育国际化的发展特点与趋势［J］. 江西社会科学, 2007（2）：215-218.

⑧　舒志定. 高等教育国际化的内涵、特征与启示［J］. 外国教育资料, 1998（3）：55-59.

⑨　魏腊云. 对全球化背景下高等教育国际化的哲学反思：高等教育产业化及其价值取向研究［D］. 湘潭：湘潭大学, 2001.

⑩　刘兰芝. 高等教育的国际化趋势［J］. 学术交流, 2002（4）：151-155.

对我国大学国际化深入推进提出了迫切要求①②。伍宸、宋永华认为，国际化是世界一流大学的基本特征，世界一流大学在培养本国和区域国际化发展所需人才方面有着强烈的使命感③。任友群指出，当代高等教育国际化，不仅是办学主体将国际化、跨文化与全球性维度整合进高等教育的目的、功能或过程，也是办学主体在全球范围内拓展和配置教育要素资源；应深入到专业、课程、教学、实践等各种核心要素中，渗透到教育教学的全过程④。

周连勇提出，"双一流"建设应该尤其注重以高等教育国际化积极适应经济全球化的纵深发展，实现二者的互动共进；在"双一流"建设背景下，要想推动高等教育的国际化发展，就一定要重视学科、专业建设的国际化⑤。任友群指出，东、中、西部地区高等教育国际化要因地制宜，东部地区对标世界一流，中、西部地区扩大广度和深度，形成各自的区域特色⑥。伍宸、宋永华提出了"双一流"建设背景下高等教育国际化价值取向，并构建了其绩效评价体系⑦。陆小兵等指出，我国高等教育深入国际化是其满足拔尖人才培养的需要，应积极推进学科国际化建设、课程国际化建设、外语教学改革等，服务于"双一流"建设⑧。侯淑霞和韩鹏（2019）审视了"双一流"建设背景下高等教育国际化的必要性与存在的问题，并提出了高等教育国际化的相应思路与发展路径⑨。马艳等探讨了

---

① 陈飞宇."一带一路"背景下高等教育国际化发展探析 [J]. 山东社会科学, 2019（7）：128-132.

② 单春艳."一带一路"倡议下推进地方高等教育国际化的战略思考 [J]. 黑龙江高教研究, 2019, 300（4）：24-28.

③ 伍宸, 宋永华."双一流"建设背景下高等教育国际化办学价值取向及绩效评价体系建构 [J]. 中国高教研究, 2019（5）：6-12.

④ 任友群."双一流"战略下高等教育国际化的未来发展 [J]. 中国高等教育, 2016（5）：15-17.

⑤ 周连勇."双一流"建设背景下高等教育国际化的发展路径探究 [J]. 世界教育信息, 2018, 31（20）：38-42.

⑥ 任友群."双一流"战略下高等教育国际化的未来发展 [J]. 中国高等教育, 2016（5）：15-17.

⑦ 伍宸, 宋永华."双一流"建设背景下高等教育国际化办学价值取向及绩效评价体系建构 [J]. 中国高教研究, 2019（5）：6-12.

⑧ 陆小兵, 王文军, 钱小龙."双一流"战略背景下我国高等教育国际化发展反思 [J]. 高校教育管理, 2018, 12（1）：27-34.

⑨ 侯淑霞, 韩鹏."双一流"建设背景下我国高等教育国际化发展研究 [J]. 国家教育行政学院学报, 2019（8）：46-51.

陕西省高等教育国际化等指标体系构建与绩效评价①。吴海燕分析和评价了美国、经济合作与发展组织（OECD）、日本高等教育国际化评价指标体系，并就我国高等教育国际化提出了建议②。

2.2.3　我国高等教育国际化面临的挑战

2.2.3.1　我国急需培养突破"卡脖子"技术领域的国际化一流人才

《纲要（2010—2020）》明确指出：要培养适应国家经济社会对外开放要求的国际化人才。2020年，国家八大部门再次发文《关于加快和扩大新时代教育对外开放的意见》③，强调加快培养现代化建设人才和具有全球竞争力的人才。可见，我国当前的国际化人才供给远不能满足国家发展所需。

自2013年国家主席习近平提出"一带一路"倡议以来，我国与东盟各国展开了广泛合作，我国对一流国际化人才的需求猛增。中国与"一带一路"沿线65个国家和地区的贸易持续增长，2014—2019年累计贸易额突破44万亿元人民币，年均增长6.1%，成为其中25个沿线国家的第一大贸易伙伴④。根据《中国青年报》2010年7月8日的报道⑤，在全国范围内，能熟练运用外语和法律知识与外商谈业务、签合同的人才不到2 000人；每5 000名律师中，懂外语、熟知国际贸易和WTO规则的律师只有50人。因此，我国急需跨国贸易、跨国投资、跨国金融、跨国仲裁、跨国营销、跨国谈判人才的国际化、复合型国际化一流人才。

华为5G事件以及美国出台政策对我国芯片断供、制裁我国大学和高科技实体等行为，都充分说明我国迫切需要高科技创新人才，面临着突破"卡脖子"技术的迫切需要，也涉及完成"双一流"建设目标，成为世界教育强国的远期战略目标的人才需要。人才尤其是国家急需国际化一流人

---

① 马艳，王淙，郭炜. 陕西省高等教育国际化：绩效评价与指标体系构建［J］. 教育现代化，2019（75）：147-151.

② 吴海燕. 国际视野下的高等教育国际化评价指标研究［J］. 现代教育管理，2019（1）：124-128.

③ 中华人民共和国教育部. 教育部等八部门印发《关于加快和扩大新时代教育对外开放的意见》［EB/OL］. http://www.moe.gov.cn/jyb_xwfb/s5147/202006/t20200623_467784.html.

④ 中国一带一路网. 聚焦｜真香！2019年中国外贸成绩没有让我们失望［EB/OL］. https://www.sohu.com/a/367080645_731021.

⑤ 董伟. 人才短板阻碍中国企业走出去［EB/OL］. http://zqb.cyol.com/content/2010-07/08/content_3315026.htm.

才的培养，对我国高等教育国际化提出了时代要求，成了我国高等教育国际化的急迫需求。

2.2.3.2　高等教育面临在地国国际化挑战

党的十八大以来，高等教育出现坚持扎根中国大地与对外开放两大办学大战略，高等教育在地国际化应运而生。我国传统的高等教育国际化跨境流动不强，全方位发展不足，要求转型深化，尤其是在地国内涵式国际化的转化。此转化并非否定传统，而是填补空白，促使传统高等教育国际化与转型国际化互相促进、共兴同荣。后疫情时代充满了不确定性，也要求我国高等教育国际化寻求转型，推进高等教育在地国际化建设势在必行。

2014 年 5 月 4 日，习近平总书记在北京大学师生座谈会上第一次提出"扎根中国大地办大学"的重要指示[①]。高等教育在地国际化立足中国本土、面向世界，扎根中国与对外开放是辩证统一的。

在疫情防控背景下，高等教育在地国际化更能积极响应"扎根中国大地办大学"和"加快和扩大新时代教育对外开放"。我们应该深刻总结其中的经验，针对不足进行弥补，在后疫情时代办好在地国际化，使之成为推动我国高等教育的引擎。

2.2.3.3　面临经济与社会变革转型期的制约

世界面临百年未遇的大变局，我国正在努力推进高校"双一流"建设并着力实现第二个百年奋斗目标，迫切要求我国高等教育国际化适当转向并加快发展，使得我国高等教育国际化呈现出一定的特征和相应的不足。

第一，虽然当前我国高等教育国际化呈现出四大特征：规模不断扩大，意识日益增强，正由"单向流动"和"单线合作"转向"双方互动"和"多校合作"模式，国际科研合作正在快速推进，但"双一流"时代的我国高等教育国际化建设仍然存在国际化理念有效落实不足、国际交流合作全员参与度不高、实质性国际交流与合作开展不够、国际化建设进程受限于经济发展水平等诸多问题。

第三，缺乏"引进—输出"双向互动的国际化发展理念。长期以来，我国高等教育国际化以学习外国经验为主，引进为主，输入远远多于输出。应该在平等互利的基础上，坚持"引进"和"输出"双向互动、合作

---

① 中国共产党新闻网. 团中央传达学习习近平在北京大学师生座谈会上的重要讲话[EB/OL]. http://dangjian.people.com.cn/n1/2018/0504/c415590-29965143.html.

共赢的国际化才有可持续性。我国本身有着优秀的历史文化传统，科技发展也曾长时间占据世界首位，并不缺乏优质丰富的国际教育资源。经过多年的建设，我国高等教育的一些专业已经跻身世界一流，对外输出的国际化合作项目也取得了较大的成果，一些专业领域获得了"国际教育援助国"地位。如华东师范大学的国际教师教育中心所承担的"发展中国家教育硕士"项目，为非洲部分地区培养了面向未来的基础教育领导者①。

　　总之，我国高等教育国际化既有成功之处，也有不足，既有机遇又有挑战。国家发展战略赋予了我国高等教育国际化的新使命，需要各级部门和主体学校迎难而上，积极应对。

---

① 任友群.「双一流」战略下高等教育国际化的未来发展 [J]. 中国高等教育，2016 (5)：15—17.

3 世界一流高等教育及高等教育 国际化的内涵和外延研究

　　知识是人类实践经验的结晶，同时代的人们不断积累并在进一步的实践活动中创新发展，不同时代的人们通过教育传承知识，最理想的情况是汇集全人类所有知识为全人类共享并服务于全人类。教育从诞生之日起就蕴含国际化的潜质，然而受地区差异、种族差异、语言文化差异、宗教派别差异、地区国别差异等因素的影响，受限于当下生产力发展水平而无法全球国际化，只能小规模区域国际化。

　　在我国春秋、战国时期，"百家争鸣"，百花齐放，各种门派的思想层出不穷。孔子周游列国，曾问道于老子，亦遭遇"两小儿辩日"带来的挑战，促进其思想发展，推动知识创新。苏格拉底游走辩学，柏拉图游学求真，伟大的思想无法闭门造车，必须在广泛、复杂、多样性的客观世界认知中萌发、壮大，并于客观世界所带来的质疑挑战中完善成熟。

　　罗马帝国以其广阔的疆域、统一的拉丁文促进了欧洲范围内的教育国际化，拜占庭教育当属那时的一流教育。后来，宗教统治妨碍了教育国际化，教育界建树不大。文艺复兴运动在欧洲展开，再次体现出欧洲范围内的教育国际化，为后续启蒙运动和一批一流学校的诞生奠定了基础。英国最初没有大学，学子多求学于法国或其他欧洲大陆国家。这种国际化的受教育过程带来地区和文化的多样性，助益了科技启蒙运动在英国诞生，也助益了牛津、剑桥等学校抓住时机趁势成为世界一流学校。巴黎大学接纳欧洲学生，思想解放的启蒙运动即诞生于法国，附属于巴黎大学的巴黎政治学院更是在世界范围内享有盛誉。

　　德国得益于欧洲范围内的教育国际化，受到欧洲启蒙运动的影响并催生了宗教改革运动；洪堡更是打破传统认知，提出"教学与科研统一"的思想，建构了现代大学原则和内涵①；柏林大学践行上述理念，成果斐然：一战爆发之前，诺贝尔自然科学奖得主共 16 人，其中德国学者 14 人，而仅柏林大学就有 8 人，柏林大学很快成为世界一流大学。一战爆发之前，在德国留学的美国学子多达数万人②。从德国学成的美国留学生把重视科学研究的思想带回美国，在美国大地上扎根并萌芽、开花、结果，研究型大学纷纷崛起；同时他们结合美国移民熔炉所体现出来的思想多样性和工业革命的现实，加之美国免受战乱影响所带来的和平安定环境，一战结束之后美国取代德国，成了新的世界科学技术中心，催生了一批世界一流学校，"排名世界前 10 位的大学，美国稳占 8 席"③。

汤浅光朝④介绍了近代科学活动中心在世界范围内的周期性转移：在意大利的时间为 1540—1610 年、在英国的时间为 1660—1730 年、在法国的时间为 1770—1830 年、在德国的时间为 1810—1920 年、在美国的时间为 1920 年至今。深究各国成为科学活动中心前的教育努力，必定会发现教育国际化带来的思想爆发和促进先进教育理念传播的作用。

中华文化具有极强的包容性，大中华文化内部就具有多民族多文化属性，教育的交流互动在国家范围内就可以实施，也有助于教育国际化。我国春秋、战国时期的"百家争鸣"助益了秦、汉成为当时世界的中心。佛教传入中国后与道教、儒家交流互动，再加上魏晋南北朝时期少数民族文化与中原文化的交流互动，助益了隋、唐成为当时世界的中心；唐朝接纳各国遣唐使，并以开放态度接纳外来文化，与之交流互动，维持了唐朝长时间的世界中心地位。相反，明、清的闭关锁国政策导致近代中国失去了世界中心舞台。

国内外的历史和现实都充分体现了教育国际化对一流教育的推动作用，尤其是在社会交流日益频繁的全球经济一体化的今天，高等教育的国际化对世界一流高等教育的推动作用更加明显。

---

① 李灵莉. 我国世界一流大学建设内涵反思：基于现代世界一流大学奠基实践特征的探讨 [J]. 教育学术月刊，2021（4）：21-28.
② 袁广林. 世界一流大学的本质特征是什么?：兼论本科教育与研究生教育在一流大学中的地位 [J]. 研究生教育研究，2022（4）：1-8.
③ 袁广林. 世界一流大学的本质特征是什么?：兼论本科教育与研究生教育在一流大学中的地位 [J]. 研究生教育研究，2022（4）：1-8.
④ 王战军，刘静，王小栋. 世界一流大学高地：概念、特征与时代价值 [J]. 高等教育研究，2021，42（6）：29-37.

3.1 世界一流高等教育的内涵与特征

我国的高等教育规模和数量发展到一定程度后，必定进一步追求质的发展，向世界一流高等教育迈进。阎光才根据德、英、美等国一流大学的发展情况，总结世界一流大学的大致共性特征如下：培养一流人才；实力雄厚的师资力量；基础扎实且底蕴深厚的科研；充裕的科研经费及有形资源；视野前瞻、审时度势、策略灵活、能获取资源并有效利用的领导与治理制度[①]。

袁广林认为，一流大学的本质特征是"世界一流的科学研究水平"，能够"承担最前沿领域的科学研究"并"在基础科学领域有重大发现，在尖端技术领域有重大突破"，从而推动世界一流大学不断前进[②]。

眭依凡从学术角度出发，发现了一流大学的三个基本特征：学术实力一流，学术贡献一流，学术声誉的社会认可度高；并强调了一流师资队伍建设的基础地位和作用[③]。卢盈更是强调了学术领导力这一特征的重要作用：一流大学通过由学术所形成的聚合力，对其组织中的个体以及组织外的机构和公众产生影响；学术质量以及学术影响力为一流大学的核心竞争力；学术质量决定了学科质量、科学研究、社会服务的水准[④]。

曹珊归纳了美国一流大学人才培养模式的共同特征：强调通识教育的"全才"培养理念、设置自由广博和跨学科的课程体系、鼓励互动研讨的教学组织形式、奉行尊重学生的教学管理模式以及推动本科生参与科学研究[⑤]。

夏国萍梳理了国外学者所论及的世界一流大学的概念和内涵，从"大学活动、知识生产和支撑要素"这三个逻辑起点出发，总结出世界一流大

---

① 阎光才. 回归一流大学建设与治理的常识 [J]. 探索与争鸣, 2018 (6): 41-43.

② 袁广林. 世界一流大学的本质特征是什么?: 兼论本科教育与研究生教育在一流大学中的地位 [J]. 研究生教育研究, 2022 (4): 1-8.

③ 眭依凡. 一流教师队伍是一流本科教育建设成效之基础 [J]. 教育发展研究, 2019, 39 (23): 3.

④ 卢盈. 一流大学学术领导力: 基本特征、层级扩散与实现策略 [J]. 教育发展研究, 2021, 41 (9): 29-36.

⑤ 曹珊. 美国一流大学人才培养模式的共同特征及启示 [J]. 闽南师范大学学报 (哲学社会科学版), 2021, 35 (2): 111-115.

学的四个共性关键特征："精英人才、创新知识、学术自由、办学充足方面的密集诉求"和四个差异体现维度："知识创新驱动要素、学术领导角色素质、学科设置布局特点、办学范畴国际博弈"①。

上述学者从不同视角论述了世界一流高等教育的内涵特征,大学可以因其中的某条或某些特征而成为世界一流大学,而不必每一方面都成为世界一流。可以把世界一流高等教育的内涵特征简要归纳成众多支撑要素下的"一基三一流":在知识、文化传承和创新基础上,培养出了世界一流人才、做出了世界一流的科研成果、为人类社会做出了世界一流的贡献。

大学教育的一流声誉是建立在"一基三一流"之上的复杂体系,其中最简单的一流性表现为:教师传承知识、文化给学生后,学生成为一流的社会服务人员。美国重视通识教育的精英文理学院以及巴黎行政学院的一流性即体现于此。此类大学的一流声誉很难简单量化,但其通识全才性教育为社会人才的后续发展和一流的社会服务打下了坚实基础。教师传承知识、文化给学生,学生和教师在大学这个平台上就做出了一流科研成果,取得了一流社会服务贡献,此类大学的一流声誉容易简单量化,尤其是涉及自然科学维度的知识创新更易于简单量化,诺贝尔奖等世界一流奖项即能证明。人文社科类人文社科思想成果足以给人们带来深刻的影响,并体现其社会服务的一流特质,亦能及时简单量化。

3.2 高等教育国际化的传统内涵和外延

教育最初重在传承知识和文化,局限于同一区域和宗族的教育传承必然有认知局限性甚至形成狭隘的偏见,与区域和宗族外的知识、文化进行交流互动很有必要,这样的教育国际化首先扩大了知识、文化体量。随着现代工业的新兴和发展,国际交流日益频繁,经济全球化一体化等因素迫切需要知识广博的跨语言、跨文化的国际性人才,高等教育国际化的要求更加迫切。1996 年,国际 21 世纪教育委员会向联合国教科文组织提交了

---

① 夏国萍. 世界一流大学关键特征与中国路径依赖研究 [J]. 中国电化教育,2019 (9):74-81, 111.

一篇名为《教育——财富蕴藏其中》①的报告，其中建议把国际合作新增为大学的传统职能：教育与培训、研究、革新、国际合作。高等教育国际化成为现代高等教育的基本特征，引发众多学者从不同角度进行阐述。

内涵反映对象的本质属性或特有属性，鲜有学者单独列出高等教育国际化的内涵属性，大多以下定义的逻辑方式来揭示。布茨的定义和简·奈特的定义前文已有叙述。李岩梳理了部分学者的定义②：日本学者喜多村认为，"衡量高等教育国际化的三条标准是可接受性、可交流性和开放性"；厦门大学刘海峰认为，"大学国际化是高等教育对外开放、加强国际学术交流、增加留学生、开展联合办学等具体活动的发展趋势"；南京大学龚放认为，"以培养国际化人才和提升学校国际化水平为目标，以组织管理、课程教学、人员流动、科研合作等活动为载体，将交流合作及国际化的理念融合到学校的人才培养、科学研究、文化传承和社会服务等职能之中的过程"。刘婷婷③，唐滢、丁红卫④，夏辽源、曲铁华⑤等都分别给出了自己的定义。

上述定义纷繁复杂又相互关联，描述性、规定性、解释性维度不一，涉及理念、气质、活动、过程、结果等方面，有的又列举了种种外延维度，更涉及前提基础和目的要求，可以根据外延与内涵的相对宽窄角度把高等教育国际化的内涵表示为：两个或两个以上国家之间关涉高等教育的任何交流。

外延是反映本质的所有相关对象。高等教育国际化的极简内涵决定了其极繁外延，涉及高等教育的任何相关方面。夏辽源、曲铁华提到了涉及高等教育国际化的四个对象："教育者、受教育者、教育内容和教育手段"⑥；刘婷婷论及了涉及高等教育国际化的五个对象："理念、师资、生

---

① 360 百科. 联合国教科文组织教育丛书：教育——财富蕴藏其中 [EB/OL]. https://baike.so.com/doc/7136002-7359395.html.

② 李岩. 中国大学国际化内涵及评价指标筛选 [J]. 高教发展与评价，2013，29（5）：55-62，102-103.

③ 刘婷婷. 高等教育国际化的内涵与外延 [J]. 课程教育研究，2013（19）：12.

④ 唐滢，丁红卫. 我国高等教育国际化：内涵、必然与现实：兼论云南农业大学教育国际化发展 [J]. 云南农业大学学报（社会科学），2016，10（1）：1-4.

⑤ 夏辽源，曲铁华. 我国高等教育国际化"内涵式"发展探析 [J]. 东北师大学报（哲学社会科学版），2018（2）：154-160.

⑥ 夏辽源，曲铁华. 我国高等教育国际化"内涵式"发展探析 [J]. 东北师大学报（哲学社会科学版），2018（2）：154-160.

源、教学、科研"①。大学是知识、文化传承和创新的平台，具有教师和学生两个主体，接受社会服务这个终端舞台的检测，因此本书也只简述高等教育国际化的几个主要外延对象：办学理念、师资、学生、教学活动、学术活动。

3.2.1 办学理念

"十年树木百年树人"，人才的培养尤其是创新高科技人才的培养并非一朝一夕就能完成的，人才们的创新成就也并非在受教育过程中就能体现出来的，教育具有长时后效性，因此办学的指导方针极为重要。预设了办学效果，办好高等教育，需要理念先行，高等教育的国际化需要办学理念的国际化和国际化的办学理念。

改革开放之初，邓小平同志就提出教育要面向现代化、面向世界、面向未来，强调了国际化的办学理念。其后国家出台的不少政策文件都强调了国际化的办学理念②。二战结束后，美国也多次立法，强调高等教育的国际化发展③。其他国家也出台了与高等教育国际化相关的指导性文件或法律法规，从顶层设计上倡导了国际化的办学理念。同时，我们还应该从全球视角将我国高等教育置于世界经济发展的大环境中，考察人才培养这一根本职能，汲取世界先进的教育理念，并融入本国的教育理念之中，指导高等教育的发展，将办学理念国际化。

3.2.2 师资

教师的国际化是高等教育国际化的基本要素之一。首先，教师要秉持国际化的教学理念，以此引领和指导自己的教学，在教学内容、教学方法和教学手段上借鉴他国教育的先进之处，增强自己的教学效果，从而培养具有国际交往能力和国际竞争能力的学生。其次，教师要参与国际流动：本国教师要走出去，亲自参与他国教育和科研实践，进行他语言他文化语境下的国际化教学实践。高等教育国际化，师资队伍的国际化是核心，在推进高等教育国际化过程中起着关键性作用。如果教师缺乏国际视野和国

---

① 刘婷婷. 高等教育国际化的内涵与外延 [J]. 课程教育研究, 2013 (19)：12.
② 陈洛茜. 日本高等教育国际化政策及其启示 [D]. 长沙：湖南农业大学, 2021.
③ 谢斯烨. "双一流"建设中地方高校研究生教育国际化发展路径研究 [D]. 湘潭：湘潭大学, 2021.

际水准，学生也就很难被培养出国际视野和国际水准，有国际影响力的学术成果亦很难产出。培养出符合时代发展要求的国际化人才必须要有高素质的国际化教师。

3.2.3 学生（受教育者）

学生（受教育者）是教学的又一主要承担者，构成了高等教育的最大主体因素。考虑到高等教育的科研、创新功能，学生在开发人类创造力方面是一个重要的主体。高等教育国际化的最重要的表现是学生的国际化：学生具有国际交往能力和国际竞争能力，能参与国际性的工作，满足经济全球化的要求本身就体现出学生的国际化。纵观哈佛大学、耶鲁大学、剑桥大学、牛津大学、巴黎大学、柏林大学等国际化大学，无一不是拥有一定数量的国际学生。例如，英国伦敦大学经济与政治学院每年招收的新生中有50%是外国留学生，德国福莱堡大学的留学生占在校生的13%[①]。

3.2.4 教学活动

教师和学生构成了教育中两大密切相关的维度，维系两者的是教学活动。教学水平决定了人才培养的质量，教学活动的国际化构成高等教育国际化水平的一个重要条件。教学活动的国际化主要包括：①教学内容国际化；②教学方法国际化：研究探讨国外的种种教学方法、根据实际情况引进国外先进的教学方法，并在具体实践中做出因时因地的微调；③教学术语国际标准化：教学语言只能选取兼顾大多数人最擅长的语言进行以增加接受程度、提升教学效果，但教学术语必须使用国际标准化的表达法。

3.2.5 学术活动

科研和创新是现代高等教育的两大职能，可以统一到学术活动上。在当今时代，科技进步日新月异，知识总量爆炸性增长，很难由单一个体单打独斗取得突破性进展，需要团队合作才有可能完成知识、文化的创新，个别领域甚至只能汇集全世界顶尖同行通力合作，才能攻克人类所面临的生存难关，更加迫切需要学术活动的国际化。学术活动国际化包括：国际化的教师和学生分别或合作进行的学术活动；国内机构和组织邀请世界同

---

① 刘婷婷. 高等教育国际化的内涵与外延 [J]. 课程教育研究，2013（19）：12.

行参加的国际会议或短期国际交流；国内学术人员走出去参加国际学术活动和项目，等等。

3.3 "双一流"建设背景下我国高等教育国际化的新内涵和新外延

3.3.1 "双一流"建设背景下我国高等教育国际化的新内涵

我国的"双一流"建设是我国高等教育的一个有机组成部分，是具有中国特色高等教育的有机组成部分。结合本章前文论述，我们可以得出以下结论。

在"双一流"建设背景下，我国高等教育国际化的新内涵为：我国与他国关于高等教育的任何交流活动，且在其他条件等同的情况下，这些交流活动必须有助于我国"双一流"高校建设成为世界一流高校，或有助于我国高校"双一流"建设学科成为世界一流学科，基本建成高等教育强国，使我国成为国际学术中心之一。

从上面关于我国高等教育国际化新内涵的定义可以看出，新内涵重在时代特征和目的导向，是具有中国特色的在地国国际化。

第一，我国开启第二个百年奋斗目标新征程，实现中华民族的伟大复兴，需要大量的国际化一流人才，但面临着西方社会在高精尖技术上对我国的封锁，对我国大学和技术实体进行制裁。在我国"双一流"建设背景下，高等教育国际化必定具有培养一流国际化人才的终极目标新内涵，以突破西方对我国在高精尖技术上的"卡脖子"封锁。

第二，为了达到"双一流"建设成效，在高等教育国际化的道路上学习和借鉴国外的先进经验是必要的。但学习是为了创新，尤其是在中国本土的创新，最终还是要通过本土内涵式发展来实现目标。鉴于我国目前引进多于输出、学习多于创新的现状，我国高等教育国际化必须选择优势点作为突破口，走"输入—输出"双向国际化的道路，并且由点到线到面，逐步扩大，最后完成"国际—国内"双循环，为我国培养足够的一流国际化人才，并扩大我国国际影响力和国际竞争力。

第三，现代高精尖技术都是系统工程，高等教育强国也是各方面全面发展的教育强国，这必定赋予我国高等教育国际化以学科或专业全面国际化的新内涵。这需要我国政府和各级部门各个单位齐心协力，发挥出学科或专业整合的优势，聚集多点成面，取得 1+1 大于 2 的整体效果，以顺利推进国家战略部署实施。

第四，反向思考我国高等教育国际化新内涵中的时代特征和目的导向维度，会带来一个需要警惕的新内涵：如何防止人才流失，尤其是已经完成基础积淀的一流优秀人才的流失。比如在我国完成基础教育并在清华大学、北京大学等国内名校完成本科教育或硕士研究生教育后，一些学生留学国外或移民，致使其最终的科研成果却在国外完成，其专利成果也归外国所有。这样的世界一流人才能否为我所用，值得反思，也是我国高等教育国际化过程中必须警惕的现象。此反向内涵特征的破坏作用极其巨大，极有可能产生"蚁穴溃坝"的作用。

当然，内涵特征处于"繁—简"连续系统上，还可以进一步深化，在后文的评价手段和方法中将会进一步涉及。

3.3.2 "双一流"建设背景下我国高等教育国际化的新外延

在我国高等教育国际化的外延对象中，任何有助于加快我国"双一流"建设的部分都构成"双一流"建设背景下我国高等教育国际化的新外延，此处不再一一赘述。世界百年未遇的大变局时代和中国特色的"双一流"高等教育建设赋予其独特的新外延。

3.3.2.1 新的高等教育国际化理念

近代科学活动中心在世界范围内周期性转移的现象都伴随着认知的突破：意大利的文艺复兴运动、英国的自然科技活动、法国的思想启蒙运动、德国的科研与教学统一思想、美国在传承德国重视科研的基础上加入社会服务维度。曾经的科技活动中心如英国、法国、德国均有不少享誉世界的一流大学，但后起之秀美国的一流大学数量远远超越其他国家。深究美国一流大学众多的原因，有高等教育本身重"科研"和"社会服务"的维度，也有美国作为世界熔炉的特征，以及在两次世界大战中美国本土都免于战火的背景。这些，为我国"双一流"建设赶超美国的认知突破提供了方向。

高等教育国际化服务于人类命运共同体。透过美国高等教育重"科研"和"社会服务"的创新办学理念，可以看到：美国社会贫富差异巨大，一边高薪挖掘笼络他国一流优秀人才，一边武力维持墨西哥边境以拒绝难民进入，等等。为此，我们高等教育国际化理念在"科研"和"社会服务"两个方面，可以做出内涵性的认知突破：真正意义上为全人类社会服务，服务人类命运共同体。在高等教育国际化的办学理念中，大力倡导习近平主席提出的"人类命运共同体""尊重他国文化传统"并"弘扬人类社会优秀文化传统"的理念。

高等教育国际化应坚持人民中心主义，科研创新都是为了让老百姓过上好日子。高端材料石墨烯，国际市场上垄断高价为5 000元一克，我国攻克技术投产后成本价格降为3元一克；计算机需要的8086芯片，国际垄断高价为5 000元一块，国内企业攻克技术投产后价格维持在5元一块；通信行业的交换机短板，国际垄断高价为20万元一块，国内企业攻克技术投产后价格仅为1万元一块；烷烃类新能源气体，国际市场报价为45 000元一千克，国内投产后价格降到了28 000元一千克①……诸如此类的种种现象表明：资本主义一流大学的"科研"已经成为追求高额垄断利润的科研，社会主义国家大学的科研才能真正意义上为民为公，应让普通大众像消费大白菜那样消费高科技产品，而且高科技企业也有利润可赚！

3.3.2.2　一流人才及其创新的新保障

中华文明是世界古老文明之一，其他古老文明都消失在历史长河中了，唯独中华文明久经考验仍长盛不衰，其原因就是极强的包容性这一伟大特色。这样的文化软实力，为大多数世界人民所钦佩，契合为全人类服务的科研理念，更容易推动我国高等教育的国际化、吸引国际化一流人才加入我国的高等教育事业，不同文化的优秀人才共同组成兼收并蓄的科研创新团队，培育出更多世界一流的国际化人才和创新成果，助力我国"双一流"建设。

美国替代德国成为世界科技中心，的确得益于其高等教育践行者秉承德国重"科研"的传统，并加入"实用"的社会服务维度。但是，鲜有人从历时角度观察到，两次世界大战导致的世界优秀人才向美国汇集这一时代背景。就新中国的历史来看，我国在结束"文化大革命"后，实行改革开放才真正迎来了和平发展，其后顶住了政治风波、抗住了几次金融风暴，维持了长时期的高速和平发展。正是在此安定的社会和和谐的生态环境中，我国的各行各业才取得了快速的发展和进步，与世界一流的差距日益缩小，个别方面已赶上甚至超越世界一流水平。独特的社会生态完全媲

---

① 昵称2530266. 高科技垄断的利润，仅3元的东西可以5 000元卖给你[EB/OL]. http://www.360doc.com/content/15/1123/08/2530266_515157512.shtml.

美甚至超越两次世界大战时期的美国本土，有利于高等教育国际化对世界一流人才的吸引，也为其做出世界一流成果提供了保障。因此，构建和平稳定的经济和社会发展环境，坚持高质量和较为快速发展，成为我国高等教育国际化的新外延。

习近平总书记指出，必须建设有中国特色的世界一流大学，要把北大办成第一个北大，而非第二个哈佛和剑桥；没有特色，跟在他人后面亦步亦趋，依样画葫芦，办不成世界一流大学①。以上两个方面是我国"双一流"建设所独有的特色，在我国"双一流"建设背景下，成为我国高等教育国际化的新外延。

---

　① 李灵莉. 我国世界一流大学建设内涵反思：基于现代世界一流大学奠基实践特征的探讨[J]. 教育学术月刊，2021（4）：21-28.

4 基于新内涵新外延的高等教育国际化新评价指标体系构建

在"双一流"建设背景下，高等教育国际化评价需要充分反映高校高等教育国际化水平，为高等教育国际化发展选择合适战略提供参考，以加快高等教育国际化发展进程①。因此，在"双一流"建设背景下，构建科学的、合理的、公平的、系统的、有效的、多层次的高等教育国际化评价指标体系的重要性日益凸显，以正确评价策略、组织、师资、人才、课程、科研和办学等方面国际化水平，增强师资队伍培养的国际视野和国际意识，加速培养国际化一流人才，服务国家国际竞争战略。

本章采用比较研究法、定量分析与定性分析相结合等方法研究基于新内涵新外延的高等教育国际化新评价指标体系构建。首先，通过比较研究法，分析、对比现有的国内外高等教育国际化评价体系，从中发现其中的相同之处与不同之处，为下文构建我国高等教育国际化评价体系提供参考；其次，通过定性分析，尝试从质的角度，对中外高等教育国际化评价指标体系差异进行归纳总结，以构建更加完善、科学的"双一流"建设背景下高等教育国际化评价指标体系；最后，结合定量分析，运用层次分析法计算各评价指标的权重，以判断各评价指标所代表的高等教育国际化内涵，从而深入到该指标体系质的内核。

---

① 伍宸，宋永华."双一流"建设背景下高等教育国际化办学价值取向及绩效评价体系建构[J]. 中国高教研究，2019（5）：6-12.

4.1 高等教育国际化评价指标体系文献述评

我们在对有关文献进行搜集和总结的基础上，按照教育国际化指标体系使用范围、使用者和影响力来对其进行筛选，最终筛选出六套具有代表性的、比较通用的高等教育国际化指标体系。一是经济合作与发展组织（OECD）的 IQRP 国际化指标体系，二是美国教育委员会（ACE）的"综合国际化模型"指标体系，三是韩国教育开发院高等教育国际化指标体系，四是日本大阪大学国际化评价指标体系，五是中国研究型大学国际化评价指标，六是广东省高等教育国际化评价指标体系（试行）。其中，美国的指标体系代表西方高等教育国际化评价体系，韩国的指标体系代表与我国社会文化背景较为接近的东方高等教育国际化评价体系，而中国研究型大学的评价指标体系则为参照西方高等教育国际化评价标准并符合我国社会文化背景的评价系统。

4.1.1 经济合作与发展组织（OECD）的 IQRP 国际化指标体系

1999 年，由经济合作与发展组织（Organization for Economic Cooperation and Development，OECD）下属的高等教育机构管理委员会（Institutional Management of Higher Education，IMHE）与学术合作协会（Academic Cooperation Association，ACA）联合开展了"国际化质量评价程序"项目（Internationalization Quality Review Process，IQRP）[①]。该评价体系从七个层面构建，分别是：背景情况、国际化政策和战略、组织和支持机构、学术项目/课程/专业与学生、研究与学术合作、人力资源管理、协议合同与服务，并包含了 18 项二级指标。这是各大学评价和提高自身国际化质量的指南和框架，并在三个国家的三所不同类型的大学进行了试行。评价方案根据调查结果进行了调整，旨在提高对高等教育国际化质量评价和保障的意识，加强高等教育国际化对提高高等教育质量水平的正向积极影响。

---

① 刘岩，李娜. 高等教育国际化评价指标体系研判：基于 9 个评价指标体系的比较 [J]. 黑龙江高教研究，2020，38（8）：77-83.

4.1.2　美国教育委员会（ACE）的"综合国际化模型"指标体系

2001 年，美国教育委员会（American Council on Education，ACE）开始在全美推行一套衡量高等教育国际化水平的指标体系，即 ACE 评价过程（ACE Review Process）。该评价体系从六个层面构建，分别是：国际化承诺、组织机构及成员、课程与联合课程及学习成果、教师政策及实践、学生流动、合作及合作伙伴关系，并包含了 24 项二级指标，用于全面评价美国研究型大学的国际化现状、进展和趋势，并确定未来的国际化发展策略[①]。2011 年，ACE 成立了国际化与全球参与中心（Center of International-ization and Global Engagement，CIGE），在 ACE 评价过程体系的基础上调研了上千所高等学校，帮助美国高等教育机构提升其国际化水平，还通过多种途径为其国际化发展争取资金支持，并进一步制定了"综合国际化模型"（CIGE Model for Comprehensive Internationalization）。

4.1.3　韩国教育开发院高等教育国际化指标体系

2008 年，韩国教育部委托韩国教育开发院（Korean Educational Devel-opment Institute，KEDI）研究制定高等教育国际化指标体系[②]。该指标体系从六个层面构建一级指标，分别是目标/战略及实施计划、组织和预算、基础设施、教学、人员的构成与交流、科研，包含了 14 项二级指标和 32 项三级指标，并从教学型和科研型两个角度测算指标权重。它是在一系列问卷调查与专家研讨基础上制定而成的，通过提取不同指标案例中共同的指标项目和测评等级等，充分兼顾教学型和科研型学校特点，形成高等教育国际化的概念与指标内容。该项目获得了政府充分的政策支持和财政支持，让政府对全国高校在国际化建设过程中出现的问题有一个清晰的认识，目的就是要引导高等教育国际化的理性发展，为国家的高等教育发展服务。

---

① 李明，高向辉，于畅. 高等教育国际化评价指标体系构建与思考：基于 L 省的实践分析 [J]. 辽宁大学学报（哲学社会科学版），2020，48（4）：172-179.
② 李秀珍，马万华. 韩国高等教育国际化指标体系评述 [J]. 外国教育研究，2013，40（2）：98-105.

4.1.4 日本大阪大学国际化评价指标体系

2005 年，在日本文部科学省资助下，日本大阪大学国际化评价课题组研制了更为实用和全面的大学国际化水平评价指标体系[1]。其研制过程参照了 IQRP 和 ACE 国际化评价指标体系，并参考了日本高校国际化实践。该指标体系从 8 个层面构建一级指标，分别是大学的使命/目标与计划、结构和人员、预算和实施、研究的国际化、支持系统/信息提供和基础设施、多层面的国际化联盟、大学课程国际化、与国外机构合作项目，并包含了 24 项二级指标，旨在为不同类型院校提供检测国际化发展水平和状况的工具。

4.1.5 中国研究型大学国际化评价指标体系

2009 年，中山大学教育学院牵头制定了中国研究型大学国际化评价指标。该指标体系从 5 个层面构建一级指标，分别是：战略规划与组织机构、人员构成与交流、教学与科学研究、相关条件与设施、成果交流，并包含了 18 项二级指标。课题组通过问卷调查、搜集相关数据，然后评价中国研究型大学的国际化发展状况，并对各地区、各类型高校的国际化程度进行对比，同时对中国研究型大学国际化程度进行排名，以促进中国研究型大学的国际化发展[2][3]。

4.1.6 广东省高等教育国际化评价指标

2010 年，广东省教育厅组织相关专业人员历经两轮制定完成广东省高等教育国际化评价指标体系（试行）。该指标体系从 9 个层面构建一级指标，分别是：理念与战略、组织与制度、基础条件、人员的国际性流动、教学与课程、资金来源与投入、师资的海外（境外）背景、国际/港澳台科研合作、特色项目，并包含了 29 项二级指标，是我国省域层面对于高等教育国际化评价指标体系的有益探索。

---

① 黄婷，肖璐. 新时代我国高等教育国际化评价指标体系构建研究 [J]. 高校教育管理，2022，16（6）：113-124.

② 黄婷，肖璐. 新时代我国高等教育国际化评价指标体系构建研究 [J]. 高校教育管理，2022，16（6）：113-124.

③ 宋金宁，王金龙. 从大学排行榜指标体系看高等教育国际化 [J]. 上海教育评价研究，2017，6（3）：7-10.

从上述六套高等教育国际化评价指标体系可以看出，其相同指标主要有：研究与学术合作（与国外机构的合作项目、科研、成果交流、国际/港澳台科研合作）、人员构成（师资的海外或境外背景）、战略规划（国际化政策与战略、明确表述的国际化承诺）、支持结构（设施、基础条件、学生流动中的财政资助与经费、预算）、组织机构（组织机构及职员、结构、组织）、学术项目/课程/专业与学生（课程与联合课程及学习成果、大学课程国际化、教学）、人员交流（学生流动、人员的国际性流动、人员的构成与交流）。

因此，在参考借鉴上述六套高等教育国际化评价指标体系的基础上，结合前文论述，本书将从战略规划、组织机构、支持结构、人员构成、人员交流、学术项目/课程/专业与学生、研究与学术合作等角度，构建"双一流"建设背景下我国高等教育国际化评价指标体系。

4.2 "双一流"建设背景下高等教育国际化评价指标体系构建

"双一流"建设是在全球化发展、高等教育国际化发展的大背景下，我国政府对高校发展做出的一项重要的战略决策。在高校的"双一流"建设中，将"加强与世界各国高校的交流与合作"是重要的核心改革任务，还强调了绩效评价与动态管理的重要性。因而，对每一所入选大学或专业的高等教育国际化的绩效进行评价就显得尤为重要。而要做好高等教育国际化绩效考核，则应遵守科学性原则、比较性原则、综合性原则、专业与简约性原则以及数量与质量相结合原则，并在此前提下，建立起一套完备、合理、科学的评价体系。本书构建的"双一流"建设背景下我国高等教育国际化评价指标体系见表4.1，具体包括以下几个方面：

（1）国际化发展策略。要想从根本上有效地实现国际化教育的目的，必须采取一种立体的实现战略，也就是坚持隐性与显性策略相统一的实施体系。因此，在评价国际化发展策略时，一是要评价高校国际化办学所采取的隐性策略，也就是通过国际化办学汲取和借鉴了怎样的国际化办学理念，形成并涵育了什么样的先进校园文化等；二是要评价大学国际化办学所采取的显性策略，具体而言，不仅关注高等教育国际化的"软件""硬件"建设，对应学校、学院及学科推进国际化工作的制度建设和基础设施建设情况，即高水平的教育管理制度和基础设施建设（建筑设施、卫生环境、外文期刊书籍、外文标识等），也要关注国际化资金支持，即学校、学院及学科推进国际化工作的财政资助、经费和预算情况，包括对国际合作和基础设施建设的投入、资助外籍学生的奖学金、资助本国留学生和访问学者的经费等情况。

（2）国际化组织保障。高等教育国际化的职能需要一个专门的组织系统来完成，负责高等教育国际化活动的组织机构和职员，是高等教育国际化事业发展的根本保障。一方面，国际化组织机构包括学校、学院及学科推进国际化工作的组织机构建设情况（校级国际化事务委员会、院级国际化事务委员会和国际化办公室）、国际文化交流学院或海外（境外）教育学院、在境外设置相关管理或办事机构数量，组织机构负责大学国际化战略规划的制定和执行；另一方面，国际化组织职员包括校级专职外事管理人员数量和设置外事人员的院系比例，职员是组织机构下属的具体事宜执行人。具体事宜主要包括：聘任外籍教师，举办国际学术会议，开设国际性的课程或合作办学，开展国际学术交流与合作，协助海外（境外）招生，拓展国际教育市场等。

（3）师资队伍国际化。高等教育国际化的另一个重要标志是师资队伍国际化，主要用外籍教师和海归人员数量来衡量。一方面，外籍教师代表着该学校享有更高的国际学术声誉。高校应该通过多种方式，将国际著名学者请到学校授课和开设讲座，这样既可以为本地区高校的学术发展带来生机与活力，又可以提高高校知名度，还可以营造出一种国际化的氛围。另一方面，海归人员也是师资国际化的主要评价指标。各高校应根据自身学科和专业的发展需要，对留学归国人员能力进行调查和了解，并积极吸收海归人才。同时，还可以为自己学校的教师提供国外学习的机会。

（4）人才培养国际化。人才培养国际化包括来校留学生和本校学生到国外情况。一方面，留学生的比例、来源国和专业分布情况可以体现人才培养的国际化程度。现阶段留学生以学习汉语为主，且多为非教育类的培训。未来要吸引留学生在高校非汉语的更多专业学习，并逐步向正式的学位教育方向发展。另一方面，国内出国的交换生、境外升学和境外就业毕业生的比例也是人才培养国际化的一个重要方面。高校应当鼓励并创造条件，为本校学生提供到国外进行交流学习或科研活动的机会，强化校际合作和学分互认，这有利于获取前沿性知识和培养学生的国际视野。

（5）课程国际化。课程国际化把国际知识融入课程中来，通过课程内容、课程管理、课程结构、外语教学、教材建设等多种方式，培养出具备国际视野、国际观念和专业技能的国际性人才。一方面，课程国际化包括外语课程体系，主要是外语和双语教学。其他语言及文化课程和双语教学使学生通过学习语言文字增进国际交流，增加对其他国家文化和历史的了解。另一方面，包括跨境课程资源。全球化和互联网的发展，使得本土学生不用出国就可以学习跨境合作开办的课程、境外原版教材和境外高水平课程。通过这种方式，可以了解国际学术动态和前沿性知识，并加深对国际问题的认识。

（6）科研国际化。科研国际化关系到高等教育国际化发展，也关系到高校的学术声誉。而评价科研国际化程度，主要是看以下三个方面：一是国际科研合作研究，包括接受境外人员的合作研究和派遣到境外开展的合作研究，即通过派遣和接受合作提升本地区高等教育国际视野和科研国际化水平。二是国际科研成果，包括在国际学术期刊上发表论文、出版书籍和获得学术奖项，而在国际学术刊物上发表学术论文或获得国际奖项，是评价一个国家高等教育国际化程度和国际竞争力的一个重要指标。三是国际学术会议。这为各国研究者提供了一个学术交流的平台，也是宣传高校、提高高校国际知名度的机会。积极参加国际学术会议，并宣讲其科研成果，也是提高教师和科研人员专业水平、拓展国际学术视野及进入国际学术圈的重要途径。

（7）办学国际化。一方面，在评价办学国际化程度时，高校在世界各主要大学或学科排行榜上的表现是重要参考。比如，QS（Quacquarelli Symonds，英国的夸克雷利·西蒙兹国际教育市场咨询公司）世界大学排行榜、U. S. News（美国新闻与世界报道）世界大学排行榜等，都体现了大学在国际上的声誉和综合表现。另一方面，随着世界上各个国家的高等教育国际交流与合作的不断扩大，合作办学已经成为目前高等教育国际化最明显的特征。可以将我国现有的国际化办学项目划分为两类：一是引入境外资源合作办学，把国外优质的教育资源引进国内，在国内开展整个教学活动，在国内完成全部课程后，就可从境外合作大学取得学位和毕业证书；二是境外合作办学，即到境外与国外高校合作开办课程或学院的情况。学生在当地读完部分课程后，到境外合作大学读完剩下的规定课程，并通过相关课程考试，就可获得本国及境外大学颁发的学位和学历证书。

表4.1 "双一流"建设背景下我国高等教育国际化评价指标体系

一级指标	二级指标	三级指标
国际化 发展策略 A1	国际化隐性 策略	学校有关于国际化办学的战略及相应规划
		学校层面有关于国际化办学的理念阐释
		国际性校园文化建设项目数量
	国际化显性 策略	学校、学院及学科推进国际化工作的制度建设 情况
		学校、学院及学科推进国际化工作的基础设施建设 情况
		学校、学院及学科推进国际化工作的财政支持、 资金和经费情况
国际化组织 保障 A2	国际化组织 机构	学校、学院及学科推进国际化工作的组织机构 建设情况
		国际文化交流学院或海外（境外）教育学院建设 情况
		在境外设置相关管理或办事机构数量
	国际化组织 职员	校级专职外事管理人员数量
		设置外事人员的院系比例
师资队伍 国际化 A3	外籍教师	外籍教师和研究人员的聘用数量
		受邀到校讲学的知名外国学者数量
	留学归国 人员	在国外拿到高级学位归国的教师数量
		到国外进修、访学、工作归国的教师数量
人才培养 国际化 A4	来校留学生 情况	留学生的比例
		留学生的层次
		留学生来源国情况
	本校学生 到国外情况	与国外高校互换学生人数占在校生的比例
		毕业生在境外升学数及比例
		毕业生在境外就业数及比例

表4.1(续)

一级指标	二级指标	三级指标
课程国际化 A5	外语课程体系	外语课程的数量与外语种类
		双语教学课程的开设数量
	跨境课程资源	跨境合作开办的课程数量
		境外原版教材的使用数量
		境外高水平课程的引进数量
科研国际化 A6	国际合作研究	接受境外人员的合作研究
		派遣到境外开展的合作研究
	国际科研成果	国际学术期刊发表论文数量
		国际书籍出版数量
		国际学术奖项数量
	国际学术会议	主办或承办国际学术会议
		参加国际学术会议
办学国际化 A7	国际化办学质量	在世界各主要大学或学科排行榜上的表现
	国际化办学项目	引入境外资源合作办学
		境外合作办学

4.3 "双一流"建设背景下高等教育国际化综合评价流程

在进行综合评价时,需从被评价对象的整体出发,以给定的条件为基础,对各个影响因素进行全面考量,从而确定每个因素的影响力,并运用一定的统计分析方法,赋予每个被评价对象一个综合评价值,从而展开择优或排序的决策活动①。综合评价是一种由被评价对象、评价者、评价目

---

① 陈衍泰,陈国宏,李美娟. 综合评价方法分类及研究进展 [J]. 管理科学学报,2004(2):69-79.

的、评价指标、指标权重、综合评价方法、评价结果七个要素构成的决策系统[①]。评价者是主体，主要任务是确定评价目的、选择被评价对象、构建评价指标、匹配指标权重和定夺统计分析方法。被评价对象是客体，它是指多个参与评价的对象，属于相同的类别，并具有相似影响因素[②]。评价指标是指评价客体在一定评价目的下所表现出来的特性。指标权重是指在一定评价目标下，对各指标相对重要性的度量。评价结果是依据综合评价方法，代入数据，得到评价结果，并结合被评价对象进行分析。具体流程如图 4.1 所示。

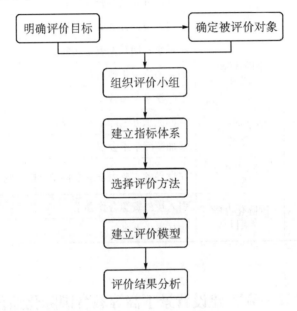

图 4.1　综合评价的一般流程

　　在构建和设计评价指标体系时，通常要遵循如下几个基本原则：全面性、科学性、层次性、目的性、可比性、一致性、可操作性[③]。也就是说，指标体系中的每个指标都可以有准确的统计数据或者可以用统计指标来替

　　① 牛华勇，金菁华，宋阳，等. 基于软系统方法论构建教育国际化指标体系 [J]. 江苏高教，2018（5）：98-107.
　　② 陈衍泰，陈国宏，李美娟. 综合评价方法分类及研究进展 [J]. 管理科学学报，2004（2）：69-79.
　　③ 牛华勇，金菁华，宋阳，等. 基于软系统方法论构建教育国际化指标体系 [J]. 江苏高教，2018（5）：98-107.

代。在建立指标体系的过程中，确定指标因素的权重是非常重要的一个步骤，它代表着各指标对被评价对象发挥的作用的大小和影响的不同。因此，准确、科学、合理的权重是整个评价指标体系能够得到客观评价报告的关键。层次分析法是确定评价指标体系指标权重比较常用的方法，是一种适合于处理关系复杂，难以直接、精确地衡量决策结果问题的方法。它把相关的政策制定要素按目标、指导方针和结论等进行划分，然后基于上述结论，进行定性与定量的决策[①]。该方法先对决策问题的评价目标、影响指标以及它们内在的联系等内容展开详细分析，然后选择较少定量信息，将决策的思维过程进行数字化，再用简易方法来解决多目标、多准则或无结构的复杂问题[②]。

"双一流"建设背景下的高等教育国际化评价是一个复杂的评价系统，既有主观与客观因素，又有定性、定量的分析内容，难以直接准确计量。因此，在借鉴以上评价体系并考虑教育国际化现状的多维分析需要，本书采用表 4.1 的指标评价体系。首先，采用主观评价法中的层次分析法，测算每项评价指标体系的权重，以供参考。其次，利用问卷调查的方法，采用客观评价法中的熵值法，评价我国不同类型高校的教师、行政人员和学生对"双一流"建设背景下高等教育国际化的满意度。

4.4 基于层次分析法的高等教育国际化评价指标权重测算

层次分析法（AHP）是一种将定性与定量相结合的系统分析方法，由美国运筹学家、数学家托马斯·塞蒂于 20 世纪 70 年代提出。该方法将一个复杂问题分解为几个层次，按照已建立的递阶层次结构模型，对同一层次的各项指标进行两两对比，并在不同层级上构建判断矩阵，从而得到各个层级指标的权重。为了确定各评价指标的权重，我们采用调查问卷的方式，并在研究过程中特邀致力于高等教育国际化研究的专家，对不同维度、各维度内各指标展开两两对比，进而构造平衡计分卡各层级指标的两

---

① 于小艳，杜燕锋. 高等教育国际化评价的价值透视 [J]. 高教发展与评价，2020，36 (2)：36-43，68，111.

② 刘岩. 高等教育国际化能力概念分析框架的建构 [J]. 黑龙江高教研究，2017 (5)：10-12.

两判断矩阵，并测算各指标权重。具体步骤如下：

4.4.1 构建矩阵

按照每项指标在决策者心中的重要程度进行赋值，并对同一层级的各个指标进行两两比较，以 1~9 数字和其倒数为标度，指标的重要程度与数值大小成正比。并且判断矩阵 A 为正互反矩阵，以对角线为轴线，对称数值是倒数的关系，如表 4.2 所示（备注：2、4、6、8 为相邻两等级的中间值）。

表 4.2 层次分析标度法

含义	同等重要	略显重要	明显重要	强烈重要	极端重要
标度值	1	3	5	7	9

原始数据矩阵表示为

$$A = (a_{ij})_{m \times n} = \begin{bmatrix} a_{11} & a_{12} & \cdots & a_{1n} \\ a_{21} & a_{22} & \cdots & a_{2n} \\ \vdots & \vdots & \ddots & \vdots \\ a_{n1} & a_{n2} & \cdots & a_{mn} \end{bmatrix}$$

其中的 a_{ij} 表示第 i 个指标与第 j 个指标进行比较的值。

4.4.2 特征向量和特征根计算

该步骤是为计算出权重值做铺垫。要计算权重，需要先计算特征向量值，同时得到最大特征根值（CI），以供下一步检验使用。

4.4.3 一致性检验

为了避免判断矩阵构建过程中出现逻辑性错误（A 比 B 重要，B 比 C 重要，又出现 C 比 A 重要），故需要进行一致性检验。通常使用 CR 值来进行分析，当 CR 值小于 0.1 时，通过一致性检验，反之则说明没有。CR 值计算公式为：CR = CI/RI，CI 值在求特征向量时可得到，而 RI 值为平均随机一致性，可以直接查表 4.3 得出。

表 4.3 随机一致性 RI 表格

n 阶	3	4	5	6	7	8	9	10	11	12	13	14	15	16
RI 值	0.52	0.89	1.12	1.26	1.36	1.41	1.46	1.49	1.52	1.54	1.56	1.58	1.59	1.594 3
n 阶	17	18	19	20	21	22	23	24	25	26	27	28	29	30
RI 值	1.606 4	1.613 3	1.620 7	1.629 2	1.635 8	1.640 3	1.646 2	1.649 7	1.655 6	1.658 7	1.663 1	1.667 0	1.669 3	1.672 4

在表 4.3 中，n 为指标个数，CR<0，表明判断矩阵的一致性很好；否则，说明判断矩阵的一致性不好，需对矩阵的各项取值进行修正，直到 CR<0.1。

4.4.4 测算权重

矩阵中的每一列都大致地反映了权重分布，通过采用列向量的算数平均值，对权向量进行估计，具体公式如下：

$$W_{1i} = \frac{1}{n} \sum_{j=1}^{n} \frac{a_{ij}}{\sum_{k=1}^{n} a_{kj}}$$

为了确定每一项指标的权重，我们利用调查问卷的方式获取相关数据，并特邀致力于高等教育国际化研究的相关专家，对不同维度、各维度内各指标进行比较，进而构建出平衡计分卡各层级指标的两两判断矩阵，分别见表 4.4、表 4.5、表 4.6。

表 4.4 一级指标矩阵

	A1	A2	A3	A4	A5	A6	A7
A1	1	2	0.5	0.333	0.333	0.25	0.2
A2	0.5	1	0.5	0.333	0.25	0.25	0.167
A3	2	2	1	2	3	2	0.5
A4	3	3	0.5	1	4	0.5	2
A5	3	4	0.333	0.25	1	0.333	0.333
A6	4	4	0.5	2	3	1	0.5
A7	5	6	2	0.5	3	2	1

表 4.5　AHP 层次分析结果

项	特征向量	权重值/%	最大特征值	CI 值
A1	0.35	5.007		
A2	0.483	6.902		
A3	1.373	19.614		
A4	2.622	37.464	7.588	0.098
A5	0.747	10.678		
A6	0.94	13.429		
A7	0.483	6.906		

表 4.6　一致性检验结果汇总

最大特征根	CI 值	RI 值	CR 值	一致性检验结果
7.588	0.098	1.36	0.072	通过

进而，我们按层次分析法测算，分别得到了"双一流"建设背景下高等教育国际化的一、二、三级指标的权重（见表 4.7）。

从一级指标来看，其重要性排序依次为：①人才培养国际化，37.464%；②师资队伍国际化，19.614%；③课程国际化，10.678%；④科研国际化，13.429%；⑤办学国际化，6.906%；⑥国际化组织保障，6.902%；⑦国际化发展策略，5.007%。

从二级指标来看，在国际化发展策略指标下，国际化显性策略所占比重为 3.338%，大于国际化隐性策略所占比重（1.669%）。在国际化组织保障指标下，国际化组织机构所占比重为 5.177%，大于国际化组织职员所占比重（1.726%）。在师资队伍国际化指标下，外籍教师所占比重为 6.538%，小于留学归国人员所占比重（13.076%）。在人才培养国际化指标下，来校留学生所占比重为 24.976%，大于本校学生到国外情况所占比重（12.488%）。在课程国际化指标下，外语课程体系所占比重为 5.339%，等于跨境课程资源所占比重（5.339%）。在科研国际化指标下，相应指标占全部指标的重要性依次为：①国际科研成果（7.908%）；②国际合作研究（3.382%）；③国际学术会议（2.139%）。在办学国际化指标下，国际化办学质量所占比重为 5.180%，大于国际化办学项目所占比重（1.727%）。

从三级指标来看，在国际化隐性策略指标下，相应指标占全部指标的重要性依次为：①国际性校园文化建设项目数量（0.833%）；②学校有关于国际化办学的战略及相应规划（0.510%）；③学校层面有关于国际化办学的理念阐释（0.326%）。在国际化显性策略指标下，相应指标占全部指标的重要性依次为：①学校、学院及学科推进国际化工作的财政资助、经费和预算情况（1.763%）；②学校、学院及学科推进国际化工作的基础设施建设情况（1.102%）；③学校、学院及学科推进国际化工作的制度建设情况（0.473%）。在国际化组织机构指标下，指标占全部指标的重要性依次为：①国际文化交流学院或海（境）外教育学院（2.375%）；②学校、学院及学科推进国际化工作的组织机构建设情况（1.894%）；③在境外设置相关管理或办事机构数量（0.848%）。在国际化组织职员指标下，校级专职外事管理人员所占比重（0.987%）大于设置外事人员的院系比例所占比重（0.739%）。在外籍教师指标下，聘用海（境）外教师和研究人员所占比重（4.235%）大于邀请来校讲学的国外知名学者所占比重（2.303%）。在留学归国人员指标下，在国外拿到硕士、博士学位归国的教师所占比重（10.387%）大于在国外进修、访学、工作归国的教师所占比重（2.689%）。在来校留学生情况指标下，相应指标占全部指标的重要性依次为：①留学生数量占在校生的比例（15.383%）；②留学生的层次（6.845%）；③留学生来源国情况（2.748%）。在本校学生到国外情况指标下，相应指标占全部指标的重要性依次为：①与国外高校互换学生人数占在校生的比例（5.863%）；②毕业生在境外升学数量及比例（4.322%）；③毕业生在境外就业数量及比例（2.303%）。在外语课程体系指标下，外语课程的数量与外语种类所占比重（2.896%）大于双语教学课程的开设所占比重（2.441%）。在跨境课程资源指标下，相应指标占全部指标的重要性依次为：①跨境合作开办的课程数量（2.974%）；②境外原版教材的使用数量（1.277%）；③境外高水平课程的引进数量（1.088%）。在国际合作研究指标下，接受境外人员的合作研究所占比重（1.726%）大于派遣到境外开展的合作研究所占比重（1.656%）。在国际科研成果指标下，相应指标占全部指标的重要性依次为：①国际学术期刊发表论文数量（3.893%）；②国际书籍出版数量（1.383%）；③国际学术奖项数量（2.632%）。在国际学术会议指标下，主办或承办国际学术会议所占比重（1.671%）大于参加国际学术会议所占比重（0.168%）。国际化办学质量指标用在世界各主要大学或学科排行榜上的表现来说明，所占比重为5.180%。在国际化办学项目指标下，引入境外资源合作办学所占比重（0.902%）大于境外合作办学所占比重（0.825%）。

表 4.7 "双一流"建设背景下高等教育国际化评价指标权重

单位:%

一级指标及权重	二级指标及权重	三级指标及权重
国际化发展策略（5.007）	国际化隐性策略（1.669）	学校有关于国际化办学的战略及相应规划（0.510）
		学校层面有关于国际化办学的理念阐释（0.326）
		国际性校园文化建设项目数量（0.833）
	国际化显性策略（3.338）	学校、学院及学科推进国际化工作的制度建设情况（0.473）
		学校、学院及学科推进国际化工作的基础设施建设情况（1.102）
		学校、学院及学科推进国际化工作的财政支持、资金和经费情况（1.763）
国际化组织保障（6.902）	国际化组织机构（5.177）	学校、学院及学科推进国际化工作的组织机构建设情况（1.894）
		国际文化交流学院或海（境）外教育学院（2.375）
		在境外设置相关管理或办事机构数量（0.848）
	国际化组织职员（1.726）	校级专职外事管理人员数量（0.987）
		设置外事人员的院系比例（0.739）
师资队伍国际化（19.614）	外籍教师（6.538）	外籍教师和研究人员的聘用数量（4.235）
		受邀到校讲学的知名外国学者数量（2.303）
	留学归国人员（13.076）	在国外拿到高级学位归国的教师数量（10.387）
		到国外进修、访学、工作归国的教师数量（2.689）

表4.7(续)

一级指标及权重	二级指标及权重	三级指标及权重
人才培养国际化(37.464)	来校留学生情况(24.976)	留学生的比例(15.383)
		留学生的层次(6.845)
		留学生来源国情况(2.748)
	本校学生到国外情况(12.488)	与国外高校互换学生人数占在校生的比例(5.863)
		毕业生在境外升学数量及比例(4.322)
		毕业生在境外就业数量及比例(2.303)
课程国际化(10.678)	外语课程体系(5.339)	外语课程的数量与外语种类(2.896)
		双语教学课程的开设数量(2.441)
	跨境课程资源(5.339)	跨境合作开办的课程数量(2.974)
		境外原版教材的使用数量(1.277)
		境外高水平课程的引进数量(1.088)
科研国际化(13.429)	国际合作研究(3.382)	接受境外人员的合作研究(1.726)
		派遣到境外开展的合作研究(1.656)
	国际科研成果(7.908)	国际学术期刊发表论文数量(3.893)
		国际书籍出版数量(1.383)
		国际学术奖项数量(2.632)
	国际学术会议(2.139)	主办或承办国际学术会议(1.671)
		参加国际学术会议(0.168)
办学国际化(6.906)	国际化办学质量(5.180)	在世界各主要大学或学科排行榜上的表现(5.180)
	国际化办学项目(1.727)	引入境外资源合作办学(0.902)
		境外合作办学(0.825)

5 基于新评价指标体系的高等教育国际化现状评价

5.1 基于熵值法的评价方法

熵值法在客观综合评价法中的应用范围很广泛，其主要目的是对指标体系进行赋权，通过判断某个指标的离散程度来评价各个样本的优劣等级[1]。在客观赋权中，熵值法借鉴了信息熵的思想，通过对各个指标标志值的差异程度来进行赋权，得到各指标的权重。具体步骤如下：

第一步，对指标进行标准化。标准化是为了提高模型的收敛速度，使得模型运行更加快捷。更为重要的是，它增强了模型精度，使得参数估计更加有效。任何连续变量数据，均可以进行标准化处理。模型中指标均是正向指标，其标准化公式如下：

$$x_{ij} = \frac{X_j - \min\{X_j\}}{\max\{X_j\} - \min\{X_j\}}$$

其中，X_j 表示第 j 个指标，$\max\{X_j\}$ 表示指标 j 中的最大值，$\min\{X_j\}$ 表示指标 j 中的最小值，x_{ij} 表示标准化以后的第 j 个指标中的第 i 年样本。

第二步，计算第 j 个指标中第 i 年样本指标值的比重，其计算公式如下：

$$p_{ij} = \frac{x_{ij}}{\sum_i x_{ij}}$$

第三步，计算第 j 个指标的熵值，其中 m 表示样本数量，其计算公式如下：

---

① 郭显光. 熵值法及其在综合评价中的应用 [J]. 财贸研究，1994（6）：56-60.

$$e_j = -\frac{1}{\ln m} \sum_i (p_{ij} \times \ln p_{ij})$$

第四步，定义第 j 个指标的差异程度，其计算公式如下：

$$d_j = 1 - e_j$$

第五步，定义权重，其计算公式如下：

$$w_j = \frac{d_j}{\sum_j d_j}$$

第六步，计算出综合得分，其计算公式如下：

$$C_j = \sum_j w_j p_{ij}$$

5.2　西部典型高校国际化现状评价

在进行熵值法计算之前，本书对重庆各高校展开问卷调查，以搜集其高等教育国际化的数据。我们将本调查样本对象限定为来自重庆不同层次高校的师生，以分析不同层次高校师生对"双一流"背景下高等教育国际化的满意度。我们根据表 4.1 的指标体系建立问卷调查表（见附录），问卷主要分为基本信息和满意度调查两个部分。基本信息包括被调查对象就读或者工作的大学性质、性别、年龄和从事的职业。根据表 4.1，满意度调查涵盖国际化发展策略、国际化组织保障、师资队伍国际化、人才培养国际化、课程国际化、科研国际化和办学国际化七个维度，每个维度对应相应的题目。满意度调查的测量尺度采用李克特五级量表法，分别为"非常满意""比较满意""一般""不太满意""非常不满意"。其中，5 分代表"非常满意"，其余选项的分值逐次递减。分数越高表示满意度越高。

调查样本主要来自重庆的三所大学，共获得无缺省值的有效样本 183 份。其中，男性占 31.72%，女性占 68.28%；年龄在 18 岁以下的占 0.54%，18～25 岁的占 56.45%，26～30 岁的占 6.45%，31～40 岁的占 18.82%，41～50 岁的占 10.75%，51～60 岁的占 6.99%，无 60 岁以上样本；全日制学生占 56.45%，行政/后勤人员占 6.45%，管理人员占 4.3%，教师占 28.49%，其他职业占 4.31%。

接下来，我们对满意度调查问卷进行信度检验和效度检验。

信度检验是对被量化数据（尤其是态度量表题）的答案的可靠性和准确性进行分析。具体而言，一是分析 α 系数，若此值>0.8，表明信度高；若此值在 0.7~0.8 之间，表明信度较好；若此值在 0.6~0.7 之间，表明信度可接受；若此值<0.6，表明信度不佳。二是分析 CITC 值，当指标的 CITC 值<0.3 时，可将该指标剔除。三是若已删除指标的 α 系数值明显高于 α 系数，则可考虑将该指标删除，再重新分析。四是进行分析总结。信度分析结果见表 5.1。

表 5.1　Cronbach 信度分析

名称	校正项总计相关性（CITC）	项目删除后的 α 系数	Cronbach α 系数
学校有关于国际化办学的战略及相应规划	0.683	0.988	0.988
学校层面有关于国际化办学的理念阐释	0.757	0.988	
国际性校园文化建设项目数量	0.818	0.988	
学校、学院及学科推进国际化工作的制度建设情况	0.760	0.988	
学校、学院及学科推进国际化工作的基础设施建设情况	0.846	0.988	
学校、学院及学科推进国际化工作的财政资助、经费和预算情况	0.738	0.988	
学校、学院及学科推进国际化工作的组织机构建设情况	0.828	0.988	
国际文化交流学院或海（境）外教育学院	0.818	0.988	
在境外设置相关管理或办事机构数量	0.819	0.988	
校级专职外事管理人员数量	0.795	0.988	
设置外事人员的院系比例	0.870	0.988	
外籍教师和研究人员的聘用数量	0.833	0.988	
受邀到校讲学的知名国外学者数量	0.797	0.988	
在国外拿到高级学位归国的教师数量	0.765	0.988	
到国外进修、访学、工作归国的教师数量	0.764	0.988	
留学生的比例	0.842	0.988	
留学生的层次	0.881	0.988	
留学生来源国情况	0.863	0.988	

表5.1(续)

名称	校正项总计相关性（CITC）	项目删除后的α系数	Cronbach α系数
与国外高校互换学生人数占在校生的比例	0.859	0.988	
毕业生在境外升学数量及比例	0.873	0.988	
毕业生在境外就业数量及比例	0.889	0.988	
外语课程的数量与外语种类	0.820	0.988	
双语教学课程的开设数量	0.814	0.988	
跨境合作开办的课程数量	0.868	0.988	
境外原版教材的使用数量	0.855	0.988	
境外高水平课程的引进数量	0.871	0.988	
接受境外人员的合作研究	0.871	0.988	
派遣到境外开展的合作研究	0.854	0.988	0.988
国际学术期刊发表论文数量	0.828	0.988	
国际书籍出版数量	0.875	0.988	
国际学术奖项数量	0.908	0.988	
主办或承办国际学术会议	0.852	0.988	
参加国际学术会议	0.858	0.988	
在世界各主要大学或学科排行榜上的表现	0.864	0.988	
引入境外资源合作办学	0.901	0.988	
境外合作办学	0.851	0.988	

注：标准化 Cronbach α 系数为 0.988.

从表5.1可知，信度系数值为 0.988>0.9，表明研究数据具有较高的信度。而在 CITC 值方面，各指标的 CITC 值均在 0.4 以上，说明各指标之间的相关性较好，这也可以说明研究数据的信度良好。综上所述，该研究数据信度质量高，可用于后续分析。

接下来，我们使用 KMO 和 Bartlett 进行效度检验。具体而言，首先对 KMO 值进行分析。若此值>0.8，表明效度好，非常适合信息提取；若此值在 0.7~0.8 之间，表明效度较好，比较适合信息提取；若此值在 0.6~0.7 之间，表明效度一般，也可以进行信息提取；但若此值<0.6，则表明效度

低，信息较难提取。其次进行 Bartlett 检验，其对应 p 值需小于 0.05。此外，在只有两个分析项的情况下，不论如何，KMO 值都是 0.5。与此同时，在使用 KMO 和 Bartlett 进行检验时，必须进行效度验证。结果如表5.2 所示。从表 5.2 中可以看出，KMO 值为 0.926>0.8，表明研究数据的效度很好，非常适合提取信息。

表 5.2　KMO 和 Bartlett 检验

KMO 值		0.926
Bartlett 球形度检验	近似卡方	5 255.892
	df	630
	p 值	0.000

最后，我们将样本划分为重点大学、普通高校和民办高校三类，利用熵值法计算不同类型高校师生的问卷调查结果，进行比较分析。通过熵值法计算不同类型高校的三级指标得分和综合得分，结果见表5.3。

表 5.3　不同高校的三级指标得分和综合得分

三级指标	重点大学	普通高校	民办高校
学校有关于国际化办学的战略及相应规划	0.015	0.019	0.021
学校层面有关于国际化办学的理念阐释	0.010	0.025	0.018
国际性校园文化建设项目数量	0.029	0.010	0.012
学校、学院及学科推进国际化工作的制度建设情况	0.018	0.010	0.017
学校、学院及学科推进国际化工作的基础设施建设情况	0.013	0.010	0.010
学校、学院及学科推进国际化工作的财政资助、经费和预算情况	0.013	0.013	0.012
学校、学院及学科推进国际化工作的组织机构建设情况	0.010	0.024	0.021
国际文化交流学院或海（境）外教育学院	0.014	0.013	0.013
在境外设置相关管理或办事机构数量	0.017	0.017	0.014
校级专职外事管理人员数量	0.013	0.024	0.015
设置外事人员的院系比例	0.016	0.013	0.011

表5.3(续)

三级指标	重点大学	普通高校	民办高校
外籍教师和研究人员的聘用数量	0.018	0.012	0.019
受邀到校讲学的知名外国学者数量	0.039	0.014	0.019
在国外拿到高级学位归国的教师数量	0.014	0.029	0.013
到国外进修、访学、工作归国的教师数量	0.016	0.024	0.013
留学生的比例	0.017	0.012	0.023
留学生的层次	0.015	0.015	0.018
留学生来源国情况	0.017	0.015	0.017
与国外高校互换学生人数占在校生的比例	0.015	0.013	0.012
毕业生在境外升学数量及比例	0.016	0.009	0.018
毕业生在境外就业数量及比例	0.018	0.013	0.015
外语课程的数量与外语种类	0.021	0.010	0.022
双语教学课程的开设数量	0.020	0.011	0.022
跨境合作开办的课程数量	0.016	0.013	0.011
境外原版教材的使用数量	0.024	0.013	0.016
境外高水平课程的引进数量	0.023	0.015	0.016
接受境外人员的合作研究	0.021	0.012	0.017
派遣到境外开展的合作研究	0.015	0.011	0.012
国际学术期刊发表论文数量	0.012	0.014	0.011
国际书籍出版数量	0.015	0.014	0.016
国际学术奖项数量	0.018	0.016	0.017
主办或承办国际学术会议	0.021	0.016	0.017
参加国际学术会议	0.019	0.017	0.012
在世界各主要大学或学科排行榜上的表现	0.023	0.021	0.015
引入境外资源合作办学	0.014	0.012	0.015
境外合作办学	0.012	0.013	0.011
综合得分	0.627	0.544	0.564

从表5.3中可以看出,重点大学师生对"双一流"背景下高等教育国

际化的满意度最高，其次是民办高校，最后是普通高校。相较于普通高校和民办高校，重点大学的主要优势在于国际性校园文化建设项目数量、邀请来校讲学的国外知名学者数量、境外原版教材的使用数量、境外高水平课程的引进数量、接受境外人员的合作研究、主办或承办国际学术会议、在世界各主要大学或学科排行榜上的表现。普通高校的主要优势在于学校层面有关于国际化办学的理念阐释、学校/学院及学科推进国际化工作的组织机构建设情况、在国外拿到高级学位归国的教师数量、在国外进修/访学/工作归国的教师数量等。民办高校的主要优势在于学校有关于国际化办学的战略及相应规划、聘用海（境）外教师和研究人员数量、留学生数量占在校生的比例、外语课程的数量与外语种类、双语教学课程的开设数量等方面。

接下来，我们对不同类型高校的一级指标得分和二级指标得分进行汇总（见表5.4），并进行比较分析。

表5.4　不同类型高校的一级指标得分和二级指标得分

一级指标	二级指标	重点大学	普通高校	民办高校
	国际化隐性策略	0.054	0.054	0.051
	国际化显性策略	0.044	0.034	0.039
国际化发展策略		0.098	0.088	0.090
	国际化组织机构	0.041	0.054	0.048
	国际化组织职员	0.029	0.037	0.026
国际化组织保障		0.071	0.091	0.074
	外籍教师	0.056	0.027	0.039
	留学归国人员	0.030	0.053	0.026
师资队伍国际化		0.086	0.079	0.065
	来校留学生情况	0.049	0.042	0.059
	本校学生到国外情况	0.048	0.036	0.045
人才培养国际化		0.097	0.078	0.103
	外语课程体系	0.041	0.021	0.044
	跨境课程资源	0.063	0.041	0.044
课程国际化		0.104	0.062	0.088

一级指标	二级指标	重点大学	普通高校	民办高校
	国际合作研究	0.036	0.024	0.029
	国际科研成果	0.045	0.044	0.045
	国际学术会议	0.040	0.033	0.029
科研国际化		0.121	0.101	0.103
	国际化办学质量	0.023	0.021	0.015
	国际化办学项目	0.026	0.025	0.026
办学国际化		0.049	0.046	0.041

从表5.4中的得分可以看出以下几点：重点大学的国际化发展策略、师资队伍国际化、课程国际化、科研国际化和办学国际化均强于普通高校和民办高校，尤其表现在科研国际化和课程国际化方面。从科研国际化的二级指标可以看出，重点大学的国际科研成果得分最高，其次是国际学术会议和国际合作研究，这足以说明重点大学对国际科研成果的重视。相较于普通高校和民办高校，重点大学更注重科学研究，并且有更多资源用于国际合作研究，有更多机会主办或者参加国际学术会议，从而其国际科研成果丰富。从课程国际化的二级指标可以看出，重点大学的师生认为跨境课程资源比外语课程体系更令他们满意。重点大学的学生不仅英语学习能力和基础相对较强，而且重点大学似乎有更多资金购买跨境课程资源。通常，科研国际化和课程国际化是"双一流"大学的强项，也是普通高校和民办高校的短板。从国际化发展策略的二级指标可以看出，重点大学的国际化隐性策略得分高于国际化显性策略。这说明，相较于推进国际化工作的制度、基础设施建设、财政资助、经费和预算等，重点大学关于国际化办学的战略及相应规划、关于国际化办学的理念阐释、国际性校园文化建设项目数量令师生更加满意。从师资队伍国际化的二级指标可以看出，重点大学的外籍教师得分高于留学归国人员。重点大学一直十分重视海（境）外留学教师占比和质量，长期致力于聘用海（境）外教师和研究人员，邀请国外知名学者来校讲学，并且其声誉也更容易吸引在国外的高层次人才，在国外进修和访学的教授比例也更大。从办学国际化的二级指标可以看出，重点大学的国际化办学项目得分高于国际化办学质量。相较于普通高校和民办高校，重点大学引入境外资源合作办学项目和境外合作办

学项目必然更多，而且合作的境外大学排名和质量也更高，这些是令重点大学的师生更加满意的原因。然而，相较于这些国际化办学项目，重点大学在世界各主要大学或学科排行榜上的表现相对较差，此指标得分相对较低。

普通高校在国际化组织保障上具有相对优势，其师生对国际化组织机构和国际化组织职员的满意度均高于重点大学和民办高校。从国际化组织保障的二级指标来看，重点大学、普通高校、民办高校的国际化组织机构得分均高于国际化组织职员得分。职员的管理水平和对学生的服务等是国际化组织保障的重要因素，因此三所高校都应该致力于提高外事管理人员的比例和管理水平。横向比较，重点大学师生对国际化组织职员的满意度高于民办高校，对国际化组织机构的满意度低于民办高校。由此可见，重点大学应该提高国际文化交流学院、海（境）外教育学院、境外设置相关管理或办事机构的比例和质量；民办高校应该进一步提高外事管理人员的管理能力。

民办高校在人才培养国际化上具有相对优势，主要表现在其师生对来校留学生的满意度高于重点大学和普通高校。但是，重点大学在人才培养国际化上的得分也与民办高校不相上下，主要表现在重点大学师生对本校学生到国外学习情况满意度高于普通高校和民办高校。不管是重点大学、普通高校还是民办高校，留学生数量均不多，并且来源国主要分布于非洲地区，重点大学师生更多地将精力投入在与发达国家的科研交流上，因此其师生对来校留学生的满意度并不高。重点大学与国外高校互换学生人数、毕业生在境外升学和就业数量明显高于普通高校和民办高校，这导致重点大学在本校学生到国外情况方面得分较高。

总体而言，重点大学的国际化发展策略、师资队伍国际化、课程国际化、科研国际化和办学国际化具有绝对优势，在国际化组织保障和人才培养国际化上有相对劣势，建议重点大学致力于提高国际文化交流学院、海（境）外教育学院、境外设置相关管理或办事机构的比例和质量，以及提升来华留学生的层次和质量，以进一步增强"双一流"建设背景下重点大学的高等教育国际化。对于普通高校和民办高校而言，不仅需要继续加强在国际化发展策略、师资队伍国际化、课程国际化、科研国际化和办学国际化方面的建设，而且需要致力于提高外事管理人员的比例和管理能力，增加本校学生与国外高校互换的机会，进一步重视毕业生在境外升学和就业的情况。

6 "双一流"建设背景下
国内高校国际化案例研究

高等教育国际化已成为一种不可逆转的趋势，这种国际化是我国加速推进"双一流"建设战略实施的需要。在"双一流"建设背景下，积极推动中国教育的现代化进程，必将极大地推动中国教育的进步，并助力学术发展与研究事业实现新突破。以下将从国内财经类"双一流"高校、外语类"双一流"高校、中外合办类高校三个维度挖掘国际化发展的典型案例，以期为我国"双一流"建设背景下国内高校的国际化提供借鉴。

6.1 财经类"双一流"高校国际化发展案例

6.1.1 中央财经大学

中央财经大学（Central University of Finance and Economics）是教育部、财政部和北京市人民政府共同建设的教育部直属高校。学校是国家级"双一流"建设工程和首批"优势学科创新平台"等项目建设高校之一。

（1）师资、科研队伍国际化。近年来，中央财经大学吸纳了一大批国内外的优秀人才，包括诺贝尔经济学奖获得者罗伯特·恩格尔、埃里克·马斯金等担任研究专家、客座教授和兼职教授。每年来校访问和讲学的外籍专家和教师数量超过 500 人，学校国际合作处负责聘请和管理外籍教师，统筹管理教师公派出国或赴港澳台地区进修、讲学、出席国际学术会议等项目。学校还与国内外知名学者合作，聘请他们担任学院领导和学术带头人，推动教师和科研队伍的国际化建设。

（2）在全球范围内配置优质教育资源，实现人才联合培养。中央财经大学积极响应高等教育国际化战略，在"双一流"建设背景下不断提升国际化办学水平。学校与全球著名院校、国际机构和跨国公司的190多个机构建立了合作联系，完成了本科、硕士和博士阶段的中外合作办学全面覆盖，积极推动人才培养的全球化发展。

学校早在2004年经国家教育主管部门批准后，就开始了与澳大利亚维多利亚大学合作举办"国际经济与贸易专业（国际贸易/金融风险管理）本科教育项目"。本项目旨在联合培养具有全球视野、熟悉外贸和风险控制方面专门知识与技术，具有良好外语运用水平，同时在国际经贸和金融领域具有显著竞争优势的复合型全球化人才。

此外，中央财经大学在培养国际化财经人才方面还具有其他优势。学校的相关专业学生在考取国际性资格证书时，可获得相应部分课程的免试资格，例如英国ACCA资格考试的5门课程免试资格、英国精算师协会CT系列的全部8门课程免试资格等。它体现了全球有关专业和学术领域对该校学科或专业优势和培养效果的肯定。另外，该校连续三年赢得全国注册会计师（CPA）专业方向教学质量评价第一名，更加印证了该校在国际财务培养领域的出色成绩①。

（3）国际化与本土化发展。中央财经大学长期以来始终坚持"以本为本"，突出本科教学的中心地位，高度关注本科教学改革的建设。其中，管理科学与工程学院在院长与教师的带领下，积极推进本科教学改革，进行国际化探索工作，开展海（境）外访学和学生国际交流；开发和利用国际优质教育资源，开阔本校学生的国际视野等一系列国际化探索工作。一方面，学院基于已经建立的全球合作网络，选取"一带一路"沿线国家，组织由教师带队的本科生团队赴马来西亚、新加坡、俄罗斯和希腊，实地考察与中方合作的国际项目，学习项目实践经验，并对当地的经济、法律、社会状况进行深入调研。此外，团队还与当地高校的学生组成短期学习交流小组，加深对于"一带一路"沿线国家的了解和认识，拓展学生的国际视野。这种学习与考察的经历有助于提升团队成员的实践和协作能力，实现全方位的个人成长与锻炼。

中央财经大学还积极探索国际学生的人才培养模式，并与各教学单位合作，逐步形成了语言能力与专业能力相结合的复合培养体系。这种培养

---

① 中央财经大学：精英化培养理念培育财经高素质人才 [EB/OL]. https://www.163.com/dy/article/GD0RCC9H0514R9NP. html.

机制鼓励国际学生积极参与各种丰富多样的文化体验活动，以提升他们的跨文化交往能力。通过与本地学生的互动和交流，国际学生能够更好地融入当地社区，增进了解和友谊，同时也提高了他们在跨文化环境中的适应能力。

这些举措有助于促进国际化教育的发展，为学生提供了更广阔的学术和社会交流平台，培养了具备全球视野和跨文化背景的人才，为他们未来的职业发展和国际交往打下坚实的基础。此外，学院依托教育部港澳与内地高等学校师生交流计划（简称"万人计划"）项目，先后多次开展主题不同的研究与参观活动，极大地促进了香港与内地高校的师生交流，帮助香港师生了解内地情况，也提升了人才培养质量。

（4）外语教学国际化。中央财经大学在不断探索国际化的过程中，逐渐形成了"大学外语定制化、专业外语精英化"的模式。大学外语定制化主要是为非外语专业学生建立的，根据学生的外语水平和学习需求，有针对性地开展外语知识和技能的培养。专业外语精英化则是针对外国语学院的外语类专业学生，对学生进行更高要求、高水平的培养和训练，包括学生的语言应用能力、国际视野等。差异化的两种外语教学模式有助于学生进行针对性学习，得到有效的锻炼与进步。除此之外，中央财经大学在教学方案设计方面还建立了外语与财经相互融合的专业课程教学体系，形成了"外语+经贸"或"外语+金融"的专业人才培养体系。

6.1.2 上海财经大学

上海财经大学（Shanghai University of Finance and Economics）是教育部直属的一所研究型重点大学，以经管专业为主，经、管、法、文、理、哲等多学科协调共同发展，是国家"双一流"建设高校。在国际化发展方面，上海财经大学入选了国家海（境）外高层人才创新创业基地、国家建设高水平大学公派研究生项目、中国政府奖学金来华留学生接受院校，并成为中欧商校联盟的创始会员。

（1）坚持国际化教育发展战略。上海财经大学致力于全面提升国际交流合作水平，积极参与全球教育治理，并力争建设中国特色背景世界一流水平。国际交流与合作处遵循高等教育国际化的要求，重视建立同全球著名高校、海（境）外团体与科研院所之间的交往合作关系，同时积极开辟外籍教师出访、来访、国际学术交流、联系国外校友以及国外培训工作等各种途径，以进一步增强学校的海（境）外影响力。

（2）师资队伍建设国际化。学校坚持国际化教育发展战略，其中的关键是建设一支国际化的师资团队。为此，学校的国际交流与合作处担负着支持、指导、咨询与协调的职责，开展各项外籍教师培养和国际交流工作。鼓励教师积极参加国外研修活动和国际学术会议，与国外著名专家交换学术心得，一起研究国际学术的前沿问题。上海财经大学注重教师的卓越追求，并致力于开拓师资队伍的国际视野，学习和借鉴国外的先进教学经验和科学方法，提高师资团队的国际化水平。在师资队伍中，学校积极引进国内外优秀人才，构建一支卓越的国际化专业任课教师队伍。其中，超过60%的授课教师具备海（境）外学习背景。

为了开展国际交流和合作，学校也致力于同港澳台地区院校进行深入交流和互动，包括教学管理、专业交流以及毕业生交往等方面。这一措施推动了祖国大陆和台湾以及香港、澳门在学术、研究和教育等领域的共同进步，也拓展和改变了师资队伍的教育理念。

（3）课程体系、课程环境国际化。上海财经大学与海（境）外合作的本科教育项目遵循国际标准，制订了教学计划和培养方案，并采用海（境）外院校的优秀原版教材。该项目中超过一半课程采用英语和双语教学模式，30%以上的专业课程聘请海（境）外教授来授课。而在线下课程方面，学校利用国际化师资团队或邀请海（境）外知名大学教授进行短期执教，为学生提供丰富的国际化课程。与此同时，学生在与留学生、海（境）外教师一同上课时，可以充分感受海（境）外学习的氛围，感受学习国际化课程的乐趣。在线上课程方面，上海财经大学积极探索"互联网+国际合作交流"的远程工作模式，充分利用互联网和线上平台为学生提供学习渠道，激励学生积极参加海（境）外学习，促进国际化人才的培养。这种模式不仅方便了教师之间的学术交流和校际合作，同时也为学生提供了学习便利。

（4）特色合作交流项目。学校积极推出特色合作交流项目，以实现国际化人才培养战略。除了广泛增设国际化课程外，上海财经大学还为学生提供多种海（境）外留学渠道。学校致力于调动国际先进教学资源，满足学生赴海（境）外交流学习的需求，并通过多种途径激发学生的积极性。在学生培养方面，上海财经大学开设学生交换、访问学习、海（境）外实习、暑期学习和公派留学等项目，丰富学生的人生经历，拓展学生的国际视野；在学术交流方面，上海财经大学与合作院校、机构或组织进行科研、会议合作以及学术资料的互赠和共享，助力学生的国际化发展，提高学生的学习与科研能力。截至2022年10月底，学校与40个国家和地区的261所大学（机构）签署了739份合作协议或谅解备忘录。合作项目涉及多个领域，通过多种渠道、多种形式与合作伙伴展开合作。其中，上海财经大学商学院获批"国际化示范学院"试点学院，除与大量海（境）外知名大学开展项目合作外，还在2015年推出了一项国际组织人才培养项目。该项目通过学生专业能力、外语技能以及海（境）外实习的学习与训练，培养学生适应国际组织生存要求的能力。学生在上海财经大学以及海（境）外大学先后进行专业课程的学习，有机会前往联合国国际贸易中心（ITC）、世界贸易组织（WTO）、联合国开发计划署（UNDP）、世界银行国际金融公司（IFC）、美洲开发银行（IDB）等国际组织进行实习，实现人才培养目标。

6.1.3 西南财经大学

西南财经大学（Southwestern University of Finance and Economics）是一所教育部直属全国重点大学，也是国家"211工程"和"985工程"优势学科创新平台建设单位，同时也是国家首批"双一流"建设高校之一。在国际化发展方面，西南财经大学被选入国家建设高水平大学公派研究生项目和中国政府奖学金来华留学生接受院校等重要计划。

此外，西南财经大学还是中欧商校联盟的成员之一，与加州大学伯克利分校共同创办了国际风险数据分析联盟。这些合作项目旨在促进国际商学教育和风险数据分析领域的交流与合作。通过与国际知名高校和组织的合作，西南财经大学不断拓展国际合作领域，提升学校的国际影响力和竞争力。

（1）师资队伍建设国际化。西南财经大学一直以来都十分重视师资队伍的引进和培养，随着经济全球化进程的加快，学校加大了对海内外高水平人才的引进力度，引进了包括美国芝加哥大学、斯坦福大学、康奈尔大学等全球著名高校以及清华大学、北京大学、复旦大学等国内一流高校博士等多名海内外优秀人才担任全职教师。除了引进人才，西南财经大学还注重对自有师资队伍进行综合素质的培养，大力开发人力资源，并积极鼓励和支持教师参加国际性科技、教育和文化合作交流项目。每年，学校都会拨出专项经费，用于选拔优秀教师前往欧美国家以及国内知名高等院校或研究机构进修。教师队伍建设一直是该校的核心任务，所以该校努力全面利用中外优秀教育资源，强调理论和实际的紧密联系，以及学生语言能力与实际应用能力的综合发展。

经过不懈努力，西南财经大学已初步建立起一支组织科学、层次分明、带有鲜明国际化特色的高水平教师队伍。近一半的专任教师具有长期海（境）外研学经历，他们成为学校和学科国际化长期发展的坚实后盾。

（2）国际人才联合培养。西南财经大学积极实施开放战略，深入拓展国际交流渠道，大力支持和鼓励学生参与高层次的深度海（境）外学习活动，以进一步增强学生的跨文化交往能力、文化适应能力和国际化思维。中外合作办学项目数量逐渐增加，并不断优化质量。学校已与世界上40余个国家和地区的200余所知名大学、科研机构和企业建立了广泛的合作关系。与美国、英国、法国等国的高校深度合作，共同打造优质的中外合作办学项目和合作办学机构。学校开设全英文专业，并设立学生出国（境）深造奖学金、学生海（境）外交流与学习资助项目以及"一带一路"海（境）外学生奖学金，致力于培育全球化人才，增强学习者的全球体验。

学校还开办了"国际组织人才培养光华实验班"，旨在培养具备全球眼光、良好的外语能力和坚实的国际贸易、国际商务法律与法学专业等基础知识的高素质国际经营管理类人才，使学生可以胜任国际贸易组织管理工作。该项目为学生提供了优质的教育资源和培养平台，帮助他们全面发展，成为具备全球竞争力的人才。该项目采用全英文教学、双语教学、实验教学、线上线下混合式教学等教学方式保证教学质量，注重专业知识与国际组织人才需求接轨，培养外语技能、综合素质、财经专业知识三者并重的全球治理人才，以高质量国际组织实践贯通全程的特色化培养。与此同时，学校快速推进港澳台师生合作与交流，着力提升培养质量，在校港澳台侨学生规模持续扩大；建立优质教育管理体系，打造"同心圆梦·爱国力行""巴蜀文化研习营"等文化品牌活动，增强港澳台学生的思想情感认同，培养其家国情怀。

（3）注重质量，培养来华杰出人才。西南财经大学自1996年开始招收留学生，2001年被教育部列为培养外国留学生的重点院校。至今已接受和培养了数千名来自世界各地的留学生，让他们来校学习汉语和专业课程。学校实行全方位的留学生培训模式，包括汉语进修生、中文教学和全英文教学。2014 年，学校成立了汉语推广成都基地，获得了国家汉语国际推广领导小组办公室的批准。这为学校开展汉语教育和汉语国际推广工作提供了国家级平台。该平台不仅为学生提供了汉语水平考试（HSK）、商务汉语考试等国家级标准化考试，还主办由国家汉办举办的"汉语桥"国际汉语比赛，该比赛是大型世界人文交流活动。这些举措激发了国际青年学生学习汉语的积极性，增加了国外学生对我国汉语与中华文化的认识。

除此之外，学校设置了各种类型的社团让留学生参与，使其更好地融入校园生活；每年举办国际文化节、运动会、社区活动等各种文体、参观、游览活动，构建和谐包容的中外文化交流平台。

6.1.4 对外经济贸易大学

对外经济贸易大学（University of International Business and Economics）是首批国家"双一流"建设高校之一。

（1）国际人才联合培养。对外经济贸易大学一直致力于开放办学，积极推动中外交流。在国际化办学方面，对外经济贸易大学推出了多个项目，包括海（境）外留学、来华学习、短期访学和海（境）外实习实践等。这些项目中的学分可以相互认可，即学生在海（境）外学习所获得的学分可以与在学校内获得的学分相互转换认证。此外，考虑到出国交流名额的有限性，对外经济贸易大学每年七月还举办国际暑期学校，邀请国外知名学者来校授课，让学生在不出国的情况下也能感受到海（境）外学习的氛围，接触国际前沿的知识。目前，对外经济贸易大学已和世界上 56 个国家和地区的 300 多所知名高校和组织开展了合作交流与联系。学校的来华留学人员数量和占比都名列国内院校首位，超过 40% 的本科毕业生选择赴海（境）外名校继续深造，走上国际化道路。此外，对外经济贸易大学在亚洲、欧洲、非洲、美洲和大洋洲设有十所孔子学院，并于 2021 年 8 月在以色列成立了对外经济贸易大学以色列分校，以加强学校联合培养国际人才的力量，进一步增强了该校的全球竞争力，并开拓国际发展。

对外经济贸易大学的国际发展合作学院是国内第一所融教学科研于一体的实体性学院。国际发展合作学院致力于全面系统地培养国际发展专业的硕士和博士研究生，探索我国的社会主义国际关系合作理论，强化全球经济关系理论与战略研究，培养符合当前国际形势与国际经济和社会需要的人才。这一举措有助于提升对外经济贸易大学在国际发展领域的影响力和声誉。

（2）学科或专业国际化。对外经济贸易大学以国际经济与贸易、法学等优势专业为学科特色，并融合了全球化元素，致力于培养全球化的复合型人才。学校推出了多个特色项目，包括国际组织人才基地班、涉外型卓越经贸法律人才实验班和国际政治—英语双学士学位项目等。

国际组织人才基地班为学生提供经济学与法学双学士学位以及法语辅修的机会，使他们在掌握法语技能的同时，具备经济学与法学的专业知识。法学院建有涉外卓越经贸法律人才实验班，而国际关系学院则建有国际政治—英语双学士学位项目。

此外，2016 年，保险学院开设了国内第一个精算学本科专业，该专业与北美精算师协会合作，联合培养国际精算师。这一合作项目旨在培养具备国际视野和精算学专业知识的人才。对外经济贸易大学的小语种专业覆盖了联合国通用语言，外语学院经常选派学生到各大国际赛事当中担任志愿者，让学生体验不同的文化，从而开阔眼界。

（3）师资队伍国际化。从师资队伍上来看，对外经济贸易大学依托国家留学基金管理委员会访学研修项目，鼓励并支持教职员工前往世界一流大学开展高端国际合作研究，大多数教职员工具有海（境）外学习和工作经历，常年开设 60 余门双语课程，并且学校也大量聘请了国内外著名教师与知名学者为学生上课。学校致力于多渠道优化国际合作交流环境，丰富教师的教学理念，培养具备国际视野的教师队伍。

（4）注重质量，培养来华杰出人才。对外经济贸易大学目前提供 80 余个专业供来华留学生选择，并为其中近 30 个专业提供全英文授课。学校除为留学生提供学历教育以外，还为各种来华组织和个人提供了各类汉语培训，包括基础汉语、商务汉语和高级汉语等，同时也提供涉及我国政治、经济和文化教育等内容的研修项目，有助于留学生成为从事与中国商贸往来相关工作的国际人才。同时，学校设置了国际校友会、国际志愿者协会、留学生会等来帮助留学生学习与成长。在校园生活体验方面，学校为留学生组织了丰富多彩的活动，让他们感受多元文化交织的校园氛围，深入了解中国。此外，还设置了完善的管理与服务部门，帮助留学生解决各种困难。

6.1.5 中南财经政法大学

中南财经政法大学（Zhongnan University of Economics and Law）也是国

家"双一流"建设高校之一。

（1）对外交流活跃，科研国际化水平高。在积极推进"双一流"建设背景下，国际科研合作成为高校实现国际化发展的重要途径。中南财经政法大学学致力于推进学校国际科研合作项目的全面发展，通过搭建合作平台，积极引导和支持教师参与国际科研合作项目。迄今为止，中南财经政法大学已经与多个国家和地区的 100 多所高等院校和科研院所形成了深入的合作伙伴关系。这些合作项目为中南财经政法大学科研工作提供了广阔的国际平台，并促进了学术交流与合作。这不仅有助于提升学校的科研水平，还能增强教师的国际化意识和国际交往与协作能力。与国际合作伙伴建立密切联系，促进了教师之间的学术交流和合作，共同开展了跨国科研项目，拓宽了研究领域，提高了研究成果的国际影响力。

（2）国际人才联合培养。中南财经政法大学与意大利罗马第一大学、韩国东西大学合作举办了中外合作硕士学位项目和本科教育项目。此外，与格拉斯哥大学等几十所高校合作开设国际联合培养学位项目，并签署了交换生协议。每年约有 1 200 名学生前往海（境）外学习。上述措施推动了该校的国际化发展，扩大了毕业生的国际交流和学业机会，并增强了该校在全球教育界的声望与知名度。除国际联合培养学位项目之外，中南财经政法大学还与众多海（境）外知名大学合作开展暑期学分课程。其中，与牛津大学奥利尔学院开展的暑期学分课程，每位学生可在 5 个不同学科板块和 18 个不同专业学术课程中自主选择一门与全球学生一起学习。课程由奥利尔学院学术委员会督导，对课程内容、授课方式和考试进行严格把控，以确保课程教学质量。在课程学习中，学校还会邀请牛津大学知名学者或是行业专家对一些当前热点或跨专业主题进行探讨，文理贯通，培养学生的国际视野。同时，为提高学生在世界知名学府的沉浸式体验，学校组织带领学生参加牛津大学传统活动，了解英国文化及牛津大学特色，全方位解读牛津大学及其学术文化底蕴，丰富学习内容。即便是短期学习交流，也致力于帮助学生快速适应环境，让学生充分感受海（境）外学习氛围，增强学生对于国际化发展的意愿。

（3）国际化与本土化发展。作为"双一流"建设背景下的国际化发展高校，中南财经政法大学不仅注重国际合作项目，提供多样性的学习渠道与机会，为学生赴海（境）外学习构建广阔的平台，而且积极开展来华留学生的教育、培养与管理。近年来，学校针对来华留学生培养开展了全方位的探讨与研究，涉及教育思想、人才培养方法和教学模式等诸多领域。学校还开展了中国优良传统文化体验项目，如"中华传统教学实践行"和"荆楚文化浸濡活动"①等，力求通过将全球化和民族性教育相结合，让留学生进一步体验中华传统文化的魅力，增强留学生的在华归属感。

通过这些举措，学校为国际学生创造了融入中国社会和文化的机会。同时，通过建立孔子学院和孔子学院奖学金，学校积极推广中文学习和中国文化，促进了国际文化交流与友谊，提高了学校的国际声誉和影响力。并且，学校建立了对外汉语教研室，对全校留学生进行汉语课程的教学与管理，目前已经形成了预科汉语、学历汉语、进修汉语等多个课程体系，吸引了越来越多留学生来校学习。

6.2 外语类"双一流"高校国际化发展案例

6.2.1 北京外国语大学

北京外国语大学（Beijing Foreign Studies University）是国家"双一流"建设高校。北京外国语大学在中外联合培养、双学位制、跨学科创新实践等方面进行了广泛而深入的探索，使其加速由单科型大学向多科型大学转变。

（1）复合型、复语型高层次国际化人才战略。北京外国语大学积极推动中外联合培养项目，与国际知名大学合作开展双学位项目，为学生提供跨国学习和培养机会。通过与外国院校的合作，学生可以获得两个学位，并深入了解不同国家和文化。国际交流的顺利开展需要语言相通和人心相通，因此，国际人才不仅需要优秀的外语能力，还应具备跨文化同理心。在打造复合型国际化人才方面，北京外国语大学自 2016 年开始在学校层面设定了十个学科方向，要求外语专业的学生除了外语课程学习之外，还要选择学科方向课，形成一个明确的复合型培养的格局，同时，学校在通识教育层面，着力提升学生的全球思维和综合素质。除此之外，学校还会邀请全国知名教授围绕区域和国别研究、当代中国热点问题、中西文化交流史等主题进行校园文化讲座，培养学生全球视野。在打造复合型国际化人

---

① 中南财经政法大学国际教育学院.学院简介[EB/OL].http://ies.zel.edu.cn/757/list.htm.

才方面，北京外国语大学为学生提供第二外语和第三外语课程的学习机会，现已有45种语言进入第三外语的课程体系，其中29个语言都是非通用语言。关于专业知识技能的培养，学校为外语专业开辟了国别区域研究等课程，同时非外语专业加强外语能力的培养，坚定实施复合型、复语型国际化人才战略。

（2）学科或专业国际化。语言专业的建设和国际地位的提高与国家大外交格局密切相关。所以，如今外国语言文学的学科内涵已不仅包括文学、语言学、翻译研究，还包括国别和区域研究以及比较文学与跨文化研究。北京外国语大学的外语学科内涵越来越广泛、越来越国际化；学校不断对学生培养方案进行调整，加强外语非通用语建设和国际语言能力建设，科学规划、合理布局外语语种的建设。

（3）师资队伍国际化建设。截至2023年年底，北京外国语大学与全球87个国家和地区的451所大学和教育机构建立了学术合作和交流关系。学校教职员工来自全球46个国家和地区，包括142名专家和教师。教师团队拥有多元的文化背景和专业领域，涵盖外语、经济、管理、商务英语、信息技术和计算机技术等各个领域，并在很大程度上相互交流和融合。

学校要求教师不仅具备扎实的专业理论基础，还要具备开阔的国际视野。特别是在国际商学院，超过90%的专职教师拥有博士学位或正在攻读博士学位，超过70%的教师拥有海（境）外学位或有半年以上在国外就读的经历。学校鼓励教师吸收欧美大学商学院的经验，创新和改革教学内容和教学方法，以推动学校的良好发展。

（4）中外联合培养项目。统计数据显示，截至2023年年底北京外国语大学已经获得批准开设101种外国语言教学，并同世界上91个国家和地区的313所高等院校和科研院所进行学术交流合作。学校积极引导学生参加国外交流学习活动，并为全体学生创造了多样的交流机会。北京外国语大学英语学院构建了本科生和研究生短期访学以及国外高校夏令营学习的机制，并推出了本、硕、博三个层次的对外合作办学项目。学校还积极吸引国外留学生来北京外国语大学攻读学位，与中国学生共同学习，实现教育的国际化。国际商学院致力于为未来的全球商业领袖搭建一个开阔视野的平台，以提高他们的独立思考能力与自主成长的意识。商学院和政府机构、公司、银行和跨国公司等形成了良好的合作伙伴关系，为毕业生提供了大量的学习机会与实训平台。学校采用了全方位、跨文化的人才培养模式，毕业生将具备国际视野和多元化认知能力，培养我国经济全球化过程中急需的复合型、多文种海（境）外商务人才。

此外，该校在每年夏季还邀请美国、英国、德国等十多个国家的全球一流专家来校开设暑期国际小学期课程，涵盖语言学、美学、历史学等多个领域，为学生提供全面的学术探索和跨文化交流的机会。学校致力于积极推动建立国内领先、全球著名的语言文学与翻译学科，为我国培养精通国际事务、具有通识素质的精英人才。

6.2.2　上海外国语大学

上海外国语大学（Shanghai International Studies University）是教育部直属的全国重点大学，与上海市人民政府共建，是国家"双一流"建设高校。

上海外国语大学是亚非研究国际联盟、中英高等教育人文联盟、中俄综合性大学联盟、中日人文交流大学联盟的创始成员之一，也是联合国合作备忘录签约高校和国际高校翻译学院联合会（CIUTI）亚太工作组所在地。这些合作和联盟关系进一步加强了学校在国际上的交流与合作。

（1）国际化办学战略。上海外国语大学将国际化办学作为其核心竞争力之一，鼓励学生拓宽视野，在多元文化环境中成长。根据 2019 年官方统计数据，学校积极开展国际合作，同 62 个国家和地区的 430 多家高等院校、文教科研单位以及海（境）外机构开展了交流联系。为支持国家"走出去"战略和"一带一路"建设，上海外国语大学努力推动"战略话语"建设工程，并陆续新增了匈牙利语、哈萨克语、乌兹别克语、斯瓦希里语等语言学科。目前，学校所开办的授课语种已超过 42 个，可以适应学生的各种课程需要。

（2）师资队伍国际化建设。上海外国语大学不断推行全球化策略，致力于构建全球化的师资队伍。该校积极响应国家关于"聚天下英才而用之"的号召和上海市"努力建设世界一流的人才发展环境"的倡议。在这方面，该校积极做好对外国专家的引智与培训工作，注重对国外高素质人才的引进。为促进外国专家的选聘工作与管理机制改革，学校出台了《外国专家项目管理办法》和《外国专家项目申报指南》，以规范外国专家的薪资福利，同时加强了对高层次外国专家的招募工作①。

（3）重视来华留学生教育。在文化教学领域，除了专业课程的语言教学之外，学校还向国际学生提供了形式多样的汉语语言和文化课程，有助于留学生进一步认识中国文化，并体会中华文化的博大精深。另外，为了更好地推动海（境）外留学生培养工作，学校还设立了优秀海（境）外留学生校级奖学金和上海海（境）外经济文化交流学院优秀学生奖学金等，以吸引海（境）外留学生，并鼓励他们努力学习、奋发向上。

在校园生活方面，学校在两个校区分别建立了上海外国语大学专家楼和上海外国语大学国际村（SISU Global Village），以打造中外文明交流与互鉴合作的国际化一流校园环境，给校园外籍学者和在校师生提供国际化交流平台和氛围。

（4）国际人才联合培养。上海外国语大学的所有国家重点学科、非通用语言学科和复合型专业领域均设立了国际学生交流计划，与目标国家和地区高校开展学生交换项目与学分互认，为学生创造本科时期赴国外高校开展游学访学机会，学校也积极引导学生借助寒暑假期间到国外开展短期游学，以培养学生国际交流能力与意识。

每年，上海外国语大学都有研究生获得国家留学基金管理委员会等机构的资助，赴海（境）外攻读学位或参加学术活动，以在专业领域与国际接轨。这些交流和访学活动为学生提供了宝贵的机会，拓宽了他们国际视野，增强了他们的专业能力，并且促进了学校与国际学术界的交流与合作。其中，为培养目前较为稀缺的小语种复合型人才，上海外国语大学与德国拜罗伊特大学合作开展德语/经济学本科教育项目，联合培养精通德语的高端复合型涉外人才，这有利于促进中、德两国在经济文化领域的交流。在本科教育阶段，该项目实施德语和英语双语培养模式，德国拜罗伊特大学派遣德国经济学教授为学生授课，旨在提升学生的语言能力并学习专业知识。学生修满所有学分后，将获得上海外国语大学德语/经济第一学士学位与第二学士学位。在成绩符合德国大学要求的情况下，学生还可赴拜罗伊特大学继续攻读经济学专业硕士，从而推动小语种复合型培养工作。

---

① 上外的国际化格局［EB/OL］. http：//www. oice. shisu. edu. cn/ea/a0/c6604a125600/page. htm.

6.3 中外合办类高校国际化发展案例

6.3.1 上海纽约大学

上海纽约大学（New York University Shanghai）于 2012 年创立，是中国第一所中美合作创办的研究型大学，也是纽约大学全球体系中具有学位授予资格的三个校园之一。上海纽约大学由教育部批准，由华东师范大学和纽约大学联合建设。

上海纽约大学充分借助纽约大学和华东师大的优秀资源，成为我国高教模式中富有改革价值的"试验田"。上海纽约大学共享纽约大学全球教育体系的所有教育资源，包括教师、课程、教学和基础设施等[1]。上海纽约大学的宗旨是培养具有全球眼光、跨文化交流意识和创造力的全球公民。上海纽约大学着力于为学生创造一个宽广的专业舞台和国际化的教学氛围，从而激励他们的学习积极性和创造性。作为中美合作办学的典范，上海纽约大学旨在为中国高等教育发展带来了新的模式和经验。

（1）国际化课程与培养环境。学校具有将"博"与"专"有机地结合的定制式课程体系和专业路径。上海纽约大学的本科生培养打破了传统意义上的界限，并引入了当时全球教育界前沿的跨学科创新教育思想，精心设计出了有利于学校学生发展的课程体系。在本科阶段的前两年，学校特别重视培养学生的通识知识，以拓宽学生专业素养和培养逻辑分析能力为主要目标，一般在二年级结束时选定方向。在本科期间的一到两个学期，学生可以选择前往纽约大学全球教育体系的其他校园或者教学点进行海（境）外学习[2]。

学校采用全英文教学和国际化的课堂环境。中国本土学生与来自各个国家和地区的国际学生同堂上课，学生在学习时充分感受国际化氛围。在课程教学方面，上海纽约大学采取小班制教学模式，增进学生与教授之间的交流，给予学生优质高效的学习体验。除此以外，学校还在学生课外活

---

[1] 俞立中. 中外合作办学的模式探索与制度创新：上海纽约大学十年办学历程 [J]. 世界教育信息，2022，514（10）：9-16.

[2] 俞立中. 中外合作办学的模式探索与制度创新：上海纽约大学十年办学历程 [J]. 世界教育信息，2022，514（10）：9-16.

动和校园生活方面尽力提供了跨文化交往的环境和条件，让学生在生活中可以获得语言方面的训练，从而最大限度培养学生适应和胜任在全球化环境中工作和生活的能力。

纽约大学在全球设立了三个具备文凭颁发能力的校区以及 12 个海（境）外学习中心，为学生创造多元化的课程选择、与不同文化背景学生互动和交流的机会，积极为学生提供世界一流教育资源。学生可以选择赴纽约大学校园或海（境）外学习中心进行深造，进一步拓宽自己的学术领域和全球视野。这种海（境）外学习经历将为学生提供丰富的学术和跨文化体验，有助于他们成为具有全球竞争力和适应性的人才。除此之外，学校还增加国际化课程总量和比例，为学生提供各种辅修专业。

（2）国际化师资队伍。上海纽约大学在招聘教师方面秉承纽约大学的标准，在世界范围内广泛招募师资。目前，学校已经形成了一个约 200 人规模的高素质、现代化且结构合理的国际化教师队伍。自上海纽约大学创办以来，已有 23 位来自不同国家的院士或顶尖学术协会的学术大师加入学校，并全职任教。

高水平国际化师资队伍的组建确保了教学和研究的国际水平和质量。教师们将世界一流的学术理念和教学方法引入课堂，并与学生分享他们的学术见解和研究成果。他们的国际化经验和背景为学生提供了宝贵的学习资源和跨文化交流机会。通过与这些顶尖国际学者的互动，学生能够拓宽自己的学术视野，深化对不同领域的理解，并获得前沿知识和全球视野。

（3）国际化的学位认证。学校设立了一个畅通无阻的双学位体系，使学生能够获得多重学位认证。上海纽约大学的毕业生将获得三个证书，包括由美国纽约大学颁发的学位证书，以及由上海纽约大学颁发的学位证书和毕业证书。这一双学位制度为毕业生提供了广阔的选择和灵活性。

无论是选择继续到海（境）外深造，还是在国内就业，学生都能充分发挥中美双学位所带来的独特优势和便利。持有美国纽约大学的学位证书，毕业生将获得国际认可的学位认证，这在国际职场和学术界具有重要的竞争力。同时，持有上海纽约大学的学位证书和毕业证书，毕业生将受益于本土教育背景和与国内企业及机构的紧密联系，这为就业提供了更多机会和优势。

6.3.2 西交利物浦大学

西交利物浦大学（Xi'an Jiaotong University and the University of

Liverpool）是由两所中、英百年名校联手打造的国际化综合性大学。2006年，西安交通大学和利物浦大学联合在苏州合作创办了西交利物浦大学。截至 2022 年年底，西交利物浦大学国内外注册学生达 2.1 万余名①。此外，西交利物浦大学拥有来自全球各地的 1 000 多名教研人员，共同组成了一个多元文化汇聚的学习社区。西交利物浦大学明确了培养世界公民的育人目标，并将其落实到知识、能力和素养三大体系的具体内涵和内容体系中②。

（1）国际化课程与氛围。西交利物浦大学接受来自海（境）外和中国国内的学生申报"访问学生项目"。课程学习除了公共基础课之外，其他课程均采用全英文授课形式。在第一学年，学生将接受密集的学术英语（EAP）强化训练，旨在帮助他们达到在英语国家高校就读所需的同等语言水平，并为他们在专业英语方面奠定坚实的基础。同时，西交利物浦大学还提供了丰富的中文学习课程，以满足国际学生的需求。

西交利物浦大学为学生提供了一系列与海（境）外学校交流的机会，帮助学生拓宽视野，获得在国际就业市场中所必需的职业技能，同时有助于学生提升学术能力。学生有机会参加利物浦大学国际访学和交换项目。由于西交利物浦大学与英国利物浦大学合作，英国一直是西交利物浦大学学生升学的首选国家，大约占出国深造学生总数的八成。

不过，近年来，西交利物浦大学毕业生的升学地域分布越来越国际化，去往欧美、澳洲等地进修的比例也在急剧上升。截至 2022 年年底，西交利物浦大学已经毕业了 12 届本科生，毕业人员已近 2 万人，其中有 85%的学员选择进一步深造。2021 届西交利物浦大学中国内地本科毕业生的整体就业率为 94.91%，当中 34%的学生被全球排名前十的顶级院校录取，而 86%的学生则将在前 100 位的世界著名高校中继续深造③。

（2）国际化师资队伍。西交利物浦大学采用世界知名大学的标准在全球范围内招聘教师。目前学校拥有 1 000 多名教研人员，其中外籍教师占一半。教师团队包括毕业于世界著名学府和知名研究机构的博士，以及在宾夕法尼亚大学等地拥有丰富教学经验的教授。学院还进行了高等教育教

---

① 刘夏. 高校中外合作办学人才培养机制研究［D］. 杭州：浙江大学，2022.
② 席酉民，张晓军，李娜. 和谐教育之道：西交利物浦大学办学探索与实践［J］. 世界教育信息，2022，514（10）：3-8，16.
③ 江西省教育考试院. http：//www. jxeea. cn/art/2022/11/9/art_ 26679_ 4212870. html.

学与专业素质发展项目，以推动教师的学科素质发展，并改善学生的学习感受。该项目通过对教师在跨文化背景下的教学理念、方法论、技术、评价与提升等方面提供与时俱进的能力和素养培训，结合各类互动式工作坊与多元化测试评价，为西交利物浦大学的教职人员提供支持学生学习所需的知识和技能。

西交利物浦大学创办了学术英语教学研修项目。此项目具体围绕学术英语教学展开，是中国同类产品中唯一的证书，目的在于表彰教师在这一领域的表现。然而学术英语教学研修项目不只是一个研修课程，更是一个变革性实验，鼓励教师以不同方式看待自己的工作并在工作场所以不同方式定位自己，对国际化课程的质量优化和推进实施起了重要作用。

（3）国际科研合作。作为一所以研究为导向的新型国际化大学，西交利物浦大学吸引了来自全球的优秀科研人才。在学术方面，学校聚集了来自国内外不同学科领域的学者，以互补的专业知识，多角度、多方位、多层次地积极开展多样化的科学研究；学校国际化特色为国内外学者提供了便利沟通交流的渠道，通过不同的文化交流、国际项目合作和学术论坛等，提升了学校的科研水平和国际声誉。在人才培养方面，学校通过各类学术交流活动，结合国际科研工作者的实践和智力资源，逐渐把学生培养成为具有国际视野的优秀学者。西交利物浦大学的科学研究依托其18个学院以及数十个研究中心、实验室和研究机构。学校设有科研生产力和创新办公室以及科研管理办公室，主要负责产学研合作、科研成果转化及创新研究平台的运营。此外，西交利物浦大学着力推动建设生态融合、价值创造的科研生产力创新服务体系。

6.3.3 深圳北理莫斯科大学

深圳北理莫斯科大学（Shenzhen MSU-BIT University）由北京理工大学和莫斯科国立罗蒙诺索夫大学合作建立。学校秉持"立德为本、文化为魂、学术为基、实践为源"的人才培养理念，致力于培养高素质的专业科学技术人才，努力建设独具特色的全球顶级研究型综合类高校，积极推进中俄高等教育交流，为增进两国友好做出贡献。深圳北理莫斯科大学坚持将高校建设与国家战略发展紧密联系，努力将其建设成为一所高起点、国际化和独具特色的综合性高校。

（1）立足国家战略，建设国际化学科与培养环境。深圳北理莫斯科大学充分发挥北京理工大学（简称"北理"）和莫斯科国立罗蒙诺索夫大学（简称"莫大"）在学科上的优势和区域科技互补优势，致力于打造世界一流的基础学科和国际领先的前沿交叉工程技术学科。学校设立了世界级国际化研究中心、科技创新平台和协同创新共同体，积极进行高水平的科研活动，致力于创造具有国际重要影响力和领先地位的研发成果。

为了满足深圳中国特色社会主义先行示范区和粤港澳大湾区的需求，学校充分利用两校学科和研究优势，在数学与控制研究中心、化学与材料研究中心以及合作基础实验室等领域进行重点建设。学校拥有大量科研设备，供学生实验之用，有大型图书馆和相应的数据库，连接云端，供学生随时查阅，帮助学生完成学术研究和课程作业。

学校非常重视国际化环境的建设，致力于吸引国际学生入学就读。学校的国际学生比例超过10%，中国学生中有超过60%具有境外学习经历，同时，中国籍本科毕业生中有86%选择继续赴国内外知名高校深造。学校对外国学生的管理模式、教育过程以及文体活动等方面与中国学生一致，力求促进中外学生的全面联系与沟通，增进彼此友谊。

（2）大学外语教学国际化。学校将中俄文化融入教学与科研活动的全过程，形成独特的科学与文化的有机交融与实践。在深圳北理莫斯科大学的精英教育中，采用中、俄、英三国语言进行授课，其中俄语为主要教学语言。俄语语言教学中采取了特有的沉浸式方法，使学习者身临其境，迅速掌握语感，从而实现了高效学习的目的。同时，学校采用小班授课模式，注重研讨与实践相结合的教学方法，培养学生扎实的科学理论基础。

（3）师资队伍的国际化建设。深圳北理莫斯科大学致力于建设国际化的师资队伍。学校面向全球进行人才招聘，引进了许多国际知名学术导师、领军人才和优秀青年教师，提高了师资力量的国际化水平。2024年年初学校官方数据显示，全职教学科研人员达400多人，包括莫大选派教师约260人，全球招聘和北京理工大学教师150多人，初步形成了以莫大大学教师为主的国际化教学队伍。除此之外，学校积极组建由俄罗斯知名学者和国际学术导师为首的高素质专业队伍，着力建设全球一流教师队伍。

从以上国内"双一流"大学与高水平中外合作大学的国际化实践经验来看，随着全球发展进入新时代，国家之间的竞争越来越体现为人才的竞争，国内高等教育国际化发展具有迫切性和必要性，各高校应主动适应时代的变化趋势，积极与国家和地方的经济与社会发展战略对接，加快培养具备全球视野的高层次国际化人才。高校应明确国际化人才的培养要求，不仅注重外语技能和专业技能等硬实力的培养，还要关注学生软实力的培养，让学生可以了解和接受别人的思想和世界观，拥有对自身、世界以及跨文化影响的敏锐洞察力。随着外事部门和大型企业对外合作业务的拓展，高校还应注重培养稀缺类型人才，为世界不同国家和地区之间的交流与合作输送优秀的国际化人才。

6.4　其他"双一流"高校国际化发展案例

高等教育国际化是高等教育的一个重要组成部分，对高等教育的发展起着非常重要的作用。在科技迅猛发展的今天，理工类高校的国际化发展案例更有参考价值。鉴于西方某些敌对势力对我国进行技术封锁和限制，尤其是"卡脖子"技术方面的苛刻封锁和制裁，本节特意挑选部分被美国列入"实体制裁清单"的我国"双一流"高校，尤其是偏重理工专业、为我国的特色社会主义建设做出了较大贡献的部分高校来考察其国际化发展的情况，它们的高等教育国际化在我国"双一流"建设背景下具有独特的参考价值。其一，能够"荣幸"地被美国列入"实体制裁清单"，可以充分肯定这些高校的卓越成就，表明这些高校及其相关专业威胁到了美国相关高校和相关专业的"一流"垄断地位，反映了它们积极响应我国"双一流"战略的努力和成就；其二，作为当今世界上的科技强国和霸主，美国对我国部分高校的制裁必定会给这些高校的高等教育国际化带来不利的影响。这些高校面对不利因素时的高等教育国际化发展实践必定给其他高校的教育国际化发展带来特殊的启示，它们的高等教育国际化实践更具有我国"双一流"建设战略下的本土特色。

6.4.1　北京航空航天大学

新中国成立之初，我国航空航天工业几乎是一片空白，航空工业多以修理为主。北京航空航天大学于民族觉醒之时萌发、国家奋发之际诞生、民族复兴之中成长，生于航空救国，长于航空航天报国，成于航空航天强国，以"顶尖工科、一流理科、精品文科、优势医科"为学科建设方针，以航空航天为主并主要服务于我国国防建设。北京航空航天大学的外籍教师和外国留学生的比例不高，但北京航空航天大学的国际化发展并不逊色。

北京航空航天大学通过实施"UPS 国际化发展战略"，构建国际交流合作网络和平台，形成了"面向全球，开放交融"的全球战略格局，提升了学校的国际竞争力和影响力①。第一，北京航空航天大学已与国外多种机构（组织）建立了长期稳定的合作关系，数量高达 200 余所，涵盖全球著名高等院校、一流研究机构和知名跨国公司。第二，北京航空航天大学倡导发起"国际航空航天教育协会"，加入了多种国际联盟和学术组织：国际宇航联合会、T. I. M. E. 联盟、中俄综合性大学联盟等。第三，创设了一批高端国际合作平台，例如自旋电子国际科技合作基地、中英空间科学与技术联合实验室等。第四，融合中、法两国工程教育优势，与法国中央理工大学集团联合创办中法工程师学院，被誉为中法高等教育合作典范。第五，精心打造相应的高水平国际化人才培养项目，例如实施"全球校园计划"，把北京航空航天大学校园延伸到世界的各个角落，同时大力开展学生交换、双学位、联合培养、国际暑期学校等各类海（境）外学习项目。第六，努力吸引全球范围内的优秀学生，使得国际学生的规模、质量、培养层次、教育水平等都进入全国高校前列。第七，获批设立了多个国际交流合作中心，例如联合国附属空间科学与技术教育亚太区域中心、亚太空间合作组织教育培训中国中心、北斗国际交流培训中心等。第八，建立了十余个国家级高等学校学科创新引智基地，使得师资队伍国际化程度不断加深，国际科研合作成果日渐显现。

（1）国际组织与大学联盟②。北京航空航天大学依托自己的重点领域和优势学科领域，积极推进双边及多边国际交流合作，构筑区域及全球国际合作平台，建立起了高水平的国际科教合作项目。到目前为止，学校发起成立或加入的国际学术组织已达 10 多个，其中包括 4 个国际学术组织：国际宇航联合会、电器与电子工程师协会标准协会、八方开源软件国际联盟和万维网联盟；约 10 个国际大学联盟，如中俄工科大学联盟、欧洲顶尖工业管理者高校联盟、中国—中东欧高校联合会、"一带一路"航天创新联盟、"一带一路"工程教育联盟和国际航空航天教育协会等。

---

① 北京航空航天大学. 北航概况［EB/OL］.https://www.buaa.edu.cn/bhgk/jrbh.htm.
② 北京航空航天大学国际合作部港澳台办公室. 国际组织与大学联盟［EB/OL］.https://global.buaa.edu.cn/qqhz/gjzzydxlm.htm.

（2）中外合作办学机构。北京航空航天大学目前有两所合作办学机构：中法工程师学院①和中法航空学院②。

在中、法两国政府的支持下，2004 年，北京航空航天大学与法国中央理工大学集团合作创建了中法工程师学院。该学院立足北京航空航天大学在工程教育领域的特色与优势，系统引入法国工程师学历教育体系，以培养具有"全球视野、系统思维、协同创新"能力的高水平国际通用工程师。学院实施我国"本科—硕士"与法国"预科—工程师"相融合的本硕一贯制培养模式。2010 年，学院获准进入我国教育部"卓越工程师教育培养计划"，并顺利通过法国教育部工程师职衔委员会（CTI）的国际评估认证，同时也获得了欧洲工程师教育体系（EUR-ACE）认证。它是我国首个在本土颁发法国和欧洲通用工程师文凭资质的办学机构，也是法国政府公开认定的法国境外唯一可颁发通用工程师文凭的机构。该学院的毕业生质量受到了用人单位和社会各界的广泛认可，被誉为中法合作办学的典范，中、法两国社会各界充分肯定了该学院的成功。

2018 年 1 月 9 日下午，在习近平主席和马克龙总统的共同见证下，北京航空航天大学与法国国立民航大学（ENAC）签署合作备忘录，达成共识，拟在浙江省杭州市共同建设一所中外合作办学机构。后经各级各部门全力推进，2023 年 4 月 27 日，中法航空学院获得我国教育部的批准，正式成立。该学院充分依托中、法两所大学的学科优势和人才培养特点，采用"国际卓越工程师"和"国际双硕士"的"双轨制"培养模式，立足于培养航空领域多元化、高层次的人才，并进一步探索国际工程教育的模式创新与实践。

（3）全球校园③。北京航空航天大学秉承国际化人才培养的核心理念，打破了大学的围墙和人才培养的物理空间，充分利用全球优质教育资源，采取多种方式推行北京航空航天大学全球校园项目，为学子提供多元化高等教育并吸引全球范围内的优秀学生。

北京航空航天大学全球校园的重点是学生海（境）外经历提升计划——

---

① 北京航空航天大学国际合作部港澳台办公室. 中法工程师学院［EB/OL］. https://global. buaa.edu.cn/info/1243/2418.htm.

② 北京航空航天大学国际合作部港澳台办公室. 中法航空学院［EB/OL］. http://global.buaa. edu.cn/info/1243/2416.htm.

③ 北京航空航天大学国际合作部港澳台办公室. 北航全球校园［EB/OL］. https://global.buaa. edu.cn/yhjh.htm.

远航计划。该计划于 2012 年正式启动，主要通过校级学生交换、双学位及联合培养、国际暑期学校以及海（境）外实习、科技竞赛、文化交流等多种形式，构建高等教育的国际化平台，推动北京航空航天大学学生参与国际化培养，以丰富其海（境）外经历、促进多元文化交流，从而培养具有国际理解力、交流力及竞争力的优秀人才。目前，北京航空航天大学已在全球 30 余个国家和地区的 60 余所高校建立了校级学生交换项目、双学位联合培养项目、国际暑期学校等国际化人才联合培养项目，学校每年派出学生人数稳步增长，具有海（境）外学习经历的本科生占比接近 50%，博士生占比接近 90%，高居全国高校前列。

北京航空航天大学双学位联合培养项目参与学生主要为硕士及博士研究生，学习期限通常为 1~2 年，学生一般仅需缴纳本校学费，境外合作伙伴院校通常免收学费或仅收取较低学费，达到合作院校学位授予条件，可同时获得两校授予的学位①。截至 2024 年年初，北京航空航天大学已与东京大学、大阪大学、澳大利亚国立大学、莫纳什大学、法国中央理工大学集团等境外一流高校建立了 40 余个硕士/博士双学位联合培养项目。

北京航空航天大学与国（境）外高校合作，推行学生交换项目②。该项目学习期限通常为一学期，仅需缴纳本校学费，境外合作伙伴院校免收学费。经合作双方认可，学生在境外院校取得的学分可以互换。截至 2024 年年初，北京航空航天大学已与 30 多个国家和地区的 100 多所大学开展了高水平的校际学生交换项目，其中合作伙伴高校包括多伦多大学、慕尼黑工业大学、巴黎萨克雷大学、米兰理工大学、香港科技大学等世界一流高校。

近年来，学校大规模选派本科生及研究生参加境外合作伙伴的高水平暑期学校、科技竞赛、文化交流等活动③。同时，从全球聘请一流师资来校开设暑期课程，吸引世界各地的众多学生参与，为北京航空航天大学本土学子提供国际化学习经历。近年来，学校每年在全球各地开展百余个国际暑期学校项目，其中国（境）外项目约占 4/5，选派学生近 2 000 人，

---

① 北京航空航天大学国际合作部港澳台办公室. 双学位联合培养项目［EB/OL］.https://global.buaa.edu.cn/yhjh/sxwlhpyxm.htm.

② 北京航空航天大学国际合作部港澳台办公室. 学生交换项目［EB/OL］.https://global.buaa.edu.cn/yhjh/xsjhxm.htm.

③ 北京航空航天大学国际合作部港澳台办公室. 学生交流项目［EB/OL］.https://global.buaa.edu.cn/yhjh/xsjlxm.htm.

国内国际暑期学校项目约占 1/5，吸引了近 1 000 名全球各地的学生及近 3 000 名北京航空航天大学学子共同参与。此外，自 2018 年起，北京航空航天大学还推出"远航本科生暑期海（境）外研习计划"，资助大三本科生赴美国、英国、加拿大、法国等国家和地区的 50 多所世界顶尖高校和一流实验室进行科研实践，其中不乏哈佛大学、耶鲁大学、斯坦福大学、剑桥大学、帝国理工学院等世界顶尖名校。

（4）国际组织实习项目①。国际组织是全球治理的重要阵地和重要平台，能够参与制定国际规则、协调多边事务、分配国际资源。培养并推送优秀人才赴国际组织实习任职，可以参与全球治理，提升国际话语权并扩大国际影响力。2018 年 4 月，北京航空航天大学成立了国际组织人才工作领导小组，统一领导和协调部署国际组织实习或任职工作并提供全方位支持。近年来，学校与国际民航组织（ICAO）建立了密切合作关系，围绕教育、科研及人员交流开展了卓有成效的国际组织实习合作。在国际民航组织的支持下，发起成立了"国际航空航天教育协会"以推动国际组织实习活动。此外，北京航空航天大学还充分利用国家留学基金管理委员会（China Scholarship Council，CSC）专门设立的国际组织实习项目，推动本校师生的国际组织实习活动。

（5）港澳台合作伙伴院校②和特色交流项目③。北京航空航天大学与多所港澳台地区高校建立了多维度校级合作伙伴关系，涵盖教师往来、科研合作、学生交流交换、双学位联合培养、学科共建、成立联合研究中心等方面。"京港澳台大学生航空航天夏令营"项目是北京航空航天大学面对港澳台高校举行的特色交流项目，面向京、港、澳、台四地青年学子进行，2009 年首次举办，现已成功举办十多届，先后吸引了四地近 30 所高校的近 2 000 名师生参与。该项目包括"航空航天专题讲座、航空航天主题参观、中华神州文化体验、两岸学生交流互动、感受北京航空航天大学、了解北京航空航天大学"六大板块，包括参观北京航天飞行控制中心等一系列国家航空航天重点科研基地，与"神舟"系列飞船航天员翟志刚、景海

---

① 北京航空航天大学国际合作部港澳台办公室. 国际组织实习项目 [EB/OL]. https://global.buaa.edu.cn/qqhz/gjzzydxlm.htm.

② 北京航空航天大学国际合作部港澳台办公室. 港澳台合作伙伴院校 [EB/OL]. https://global.buaa.edu.cn/gat/jz/gathzhbyx.htm.

③ 北京航空航天大学国际合作部港澳台办公室. 港澳台特色交流项目 [EB/OL]. https://global.buaa.edu.cn/gat/jlhz/gattsjlxm.htm.

鹏、刘洋等面对面交流等活动。

6.4.2　天津大学

天津大学是中国的传统工科强校，工科实力强悍。该校秉承近代初始"师夷长技以制夷"的工科传统，新中国成立以后更加注重工科发展，亦是当前国家新工科教育改革实验的领头羊。天津大学的毕业生大都选择留在国内报效祖国，从而为我国培养了一批又一批高端科技人才。该校在2020年被美国列入制裁名单①。天津大学重视高等教育国际化，采取多种手段和途径进行国际交流与合作，与世界上40多个国家和港、澳、台地区的200多所高校、研究机构及公司签署了相关交流与合作协议②。

（1）海（境）外访学。海（境）外访学包括国家公派、联合培养、学分类项目和奖学金项目4个方面。

国家公派是指由国家留学基金管理委员会资助学生赴国（境）外高校交流、学习的项目，包括优秀本科生项目、国家公派硕士研究生项目、国家建设高水平大学公派研究生项目③。天津大学的优秀本科生项目由教务处执行；国家公派硕士生项目下放到各个院系，以国家急需的高层次应用型专门人才为主，涉及农业推广、经济管理、社会工作、国际金融、国际法等多个领域，留学期限一般为1~2年；国家公派博士研究生由学校根据国家需要统筹，留学期限一般为3~4年，资助期限原则上不超过4年，联合培养博士研究生的留学期限及资助期限为0.5~2年。

联合培养④是指天津大学与多所国（境）外高校通过互认学习过程、互认学分的本、硕、博等层次的"N+N"模式项目。部分项目可以申请外方院校的奖学金，达到双方院校要求，学生可获得多院校的学位证书。到目前为止，联合培养项目合作院校约有30所。

学分类项目⑤是指天津大学的全日制本、硕、博学生赴境外合作院校

---

① 反面教员. 遭美国制裁的14所中国大学，每一所都值得报考，西北工业大学上榜［EB/OL］. https：//learning. sohu. com/a/632152001_ 120131454.

② 天津大学. 国际交流［EB/OL］.http://www.tju.edu.cn/gjjl.htm.

③ 天津大学国际合作与交流处. 国家公派项目［EB/OL］.http://ico.tju.edu.cn/xsxm/gjgp.

④ 天津大学国际合作与交流处. 联合培养项目［EB/OL］.http://ico.tju.edu.cn/xsxm/xjlhpy/202208/t20220816_322472. html.

⑤ 天津大学国际合作与交流处. 学分类项目［EB/OL］.http://www.tju.edu.cn/gjjl/hwfx/xflxm. htm.

学习一学期或一学年，不授予境外学位，境外获得的学分转化为天津大学对应的成绩或学分，分为交换学习项目和访问学习项目两种。交换学习项目免外方学费，到目前为止，其中的合作大学包括韩国、法国、日本、德国、西班牙、美国、意大利、爱尔兰、俄罗斯、冰岛等国家的院校。

中国政府奖学金包括国别双边项目、商务部援外项目、中国—东盟菁英奖学金、高校研究生项目、丝绸之路项目、"中欧"留学中国项目、"中美"留学中国项目、"加拿大留学中国"项目及世界知名大学学分生专项等。"天津大学奖学金"项目始于2016年，主要用于资助优秀外国留学生来天津大学攻读本、硕、博学位。"北洋未来学者奖学金"项目始于2020年，主要用于资助优秀高水平留学生来天津大学攻读博士学位。"求是奖学金"项目始于2021年，主要用于资助优秀外国留学生来天津大学攻读本科学位。

（2）合作办学。通过直接或间接合作办学等方式，天津大学已有四所合作办学学院：天津大学国际工程师学院、天津大学佐治亚理工深圳学院、天津大学—新加坡国立大学福州联合学院和天津大学与法国波尔多国立高等建筑景观学院合办的建筑学（风景园林）专业本科教育项目。

天津大学国际工程师学院①（Tianjin International Engineering Institute, TIEI）于2014年5月成立，主要依托天津大学多年的工程教育改革创新理念，同时借鉴法国工程师精英教育培养模式，由中、法双方学校的师资共同完成授课任务，约3/4的课程采取中英双语授课。学习期间，学生间接接受至少3次企业实习实践：1个月的企业认知"蓝领实习"、3个月的企业见习"助理工程师实习"和6个月及以上的企业实岗"工程师实习"；同时还有机会赴海（境）外进行游学交流和相应的实习实践。学院还定期举办由国内外知名企业参与的企业俱乐部理事会、企业家沙龙等活动，以增进校企和企业间的交流合作，并组织"北洋大讲堂""工程师之旅"等校企协同育人系列活动，增强学生实习实践能力并深入了解行业发展前沿现状。毕业生除获得天津大学毕业证书、硕士学位证书外，还被授予CTI授权颁发的法国工程师文凭。2017年7月，TIEI顺利通过法国工程师职衔委员会认证（CTI）授予的最高等级专业认证。

天津大学佐治亚理工深圳学院②（Georgia Tech Shenzhen Institute,

---

① 天津大学. 国际工程师学院［EB/OL］.http://www.tju.edu.cn/gjjl/hzbx/gjgcsxy.htm.

② 天津大学. 佐治亚理工［EB/OL］.http://www.tju.edu.cn/gjjl/hzbx/zzylg.htm.

Tianjin University，简称 GTSI）于 2020 年 3 月 25 日由教育部批准设立。它是在深圳市人民政府的支持下由天津大学和美国佐治亚理工学院共同举办的非独立设置中外合作办学机构。学院依托天津大学与佐治亚理工学院优势学科，完整引进佐治亚理工学院专业教育体系，在录取标准、课程设置、授课方式、考核模式等方面均与佐治亚理工学院本部保持一致。学生可在深圳完成培养过程，但专业课程均由佐治亚理工学院选派其本部教师或由天津大学师资按照佐治亚理工学院学术标准授课。学生完成学业后，可获得与天津大学及佐治亚理工学院本部完全一致的学位。

2018 年 12 月，在福建省和福州市政府的支持下，天津大学与新加坡国立大学成立天津大学—新加坡国立大学福州联合学院[①]（简称"联合学院"）。联合学院聚焦柔性电子、新兴光电子、先进化学制造、能源材料和催化等领域，服务国家战略需求和地方经济发展，致力于建设成为一所产、学、研、用相结合的世界一流中外合作办学学院，面向未来培养顶尖人才。

天津大学是我国建筑领域"老八校"之一，其建筑学院更具有建筑"老四校"的优势。法国波尔多国立高等建筑景观学院是法国公立高等教育机构，由法国文化与交流部管辖，具有授予建筑学学士、国家建筑师硕士、法国风景园林师国家文凭（DPLG），以及与其他大学联合颁发建筑博士学位的资质，是法国最好的风景园林设计类院校之一。2014 年，天津大学与法国波尔多国立高等建筑景观学院强强联合，获批合作举办建筑学（风景园林）专业本科教育项目[②]。项目充分发挥双方院校的优势和国内外学术声誉与影响，为培养具有全球视野、家国情怀、创新精神和实践能力的卓越人才创造有利条件。学生达到条件后，将被授予天津大学颁发的建筑学学士学位证书、本科毕业证书，以及外方颁发的景观与国土规划国际认证证书（CIEPT）。

（3）国际认证。高等教育的成效是否显著，相关学科和专业的国际认证是一种重要的检验手段，这是高等教育国际化的一个有机组成部分。天津大学在国际认证方面成绩显著。

---

① 天津大学. 天津大学—新加坡国立大学福州联合学院［EB/OL］. http://www.tju.edu.cn/gjjl/hzbx/tjdx__xjpgldxfzlhxy.htm.

② 天津大学. 天津大学与法国波尔多国立高等建筑景观学院合作项目［EB/OL］. http://www.tju.edu.cn/gjjl/hzbx/tjdxyfgbedglgdjzjgxyhzxm.htm.

天津大学"化学工程与技术"一级学科在国内处于领先地位，于 2004 年与清华大学一起率先参与化学工程本科专业国际认证。2009 年 4 月，天津大学化学工程与工艺专业通过英国化学工程师学会（IChemE）化学工程专业最高级别"Master Level"认证，成为我国化工学科首个通过国际专业认证的学科。2014 年 4 月和 2018 年 4 月，IChemE 专业认证委员会先后进行了认证复评工作。随着 IChemE 认证标准的不断提高，天津大学化工学科持续引领国内化工高等教育的发展，在国际上实现了从跟跑、并跑到部分领跑的角色转换①。

　　天津大学经管学部长期瞄准国际标准，通过了多项国际认证②。第一，2001 年，天津大学工程管理专业获得了住房和城乡建设部与英国皇家特许建造师学会（CIOB）的联合认证，并三次通过住房和城乡建设部与 CIOB 的复评，其本科及硕士课程曾获得英国皇家特许测量师学会（RICS）课程认证。第二，2012 年 4 月，天津大学财务管理专业通过了香港会计师公会（The Hong Kong Institute of Certified Public Accountants，HKICPA）专业资格课程（QP）认证，是首批通过认证的内地高校之一。第三，2014 年 5 月，天津大学财务管理专业通过全球领先的澳洲会计师公会（CPA Australia）课程认证。该公会于 1886 年成立，历史悠久，在 100 多个国家和地区拥有十几万名会员。第四，2013 年 11 月，天津大学顺利通过 AMBA 五年期认证。AMBA 是专门从事 MBA 项目质量认证的独立机构，是世界三大商学科教育认证组织机构之一，也是全球最具权威的管理教育认证体系之一。第五，2013 年 8 月，天津大学项目管理领域工程硕士课程计划通过美国项目管理协会全球项目管理学位鉴定中心（PMI-GAC）认证。PMI（Project Management Institute）是目前唯一在全球范围内对项目管理学位课程计划进行认证的权威机构。第六，2022 年，天津大学工程管理专业学士学位项目（Bachelor of Construction Management）通过了美国项目管理协会全球项目管理学位鉴定中心（PMI-GAC）认证。第七，2022 年 10 月，国际精英商学院协会（The Association to Advance Collegiate Schools of Business，AACSB）投票通过了天津大学管理与经济学部 AACSB 国际认证。

　　（4）国际科研合作。天津大学建立了多所国内外科研中心，进行了广

---

　　① 天津大学. 化工学院认证［EB/OL］.http://www.tju.edu.cn/gjjl/gjrz/hgxyrz.htm.
　　② 天津大学. 经管学部认证［EB/OL］.http://www.tju.edu.cn/gjjl/gjrz/jgxbrz.htm.

泛的国际科研合作①。

①超低能耗碳捕集国际联合研究中心（International joint research center for ultra-low energy carbon capture）。该中心以"耗碳捕集技术低能耗化"为研究目标，以应用基础研究为主，兼顾工程转化，建设应对碳捕集技术能耗过高挑战的应用基础研究中心、国际学术交流中心和创新人才培养基地。

②生物材料与组织工程国际合作联合实验室。2006年，天津大学和德国亥姆霍兹吉斯达赫研究中心（HZG）开展了科技交流和科研项目合作。2009年，双方在天津市成立了生物材料和再生医学联合实验室。2010年，双方又在德国泰托市成立了天津大学—HZG研究中心生物材料和再生医学联合实验室。该实验室和国外著名高校及研究所开展了广泛的学术交流。

③天津市能源化工国际联合研究中心。该中心依托教育部绿色合成与转化重点实验室、国家精馏工程中心、天津化学化工协同创新中心，与哈佛大学、斯坦福大学在内的近20所国际顶尖科研机构、大专院校建立了长期稳定的国际合作关系。

④物联网国际联合研究中心。该中心以物联网、人工智能技术为核心，聚焦产学研的深度对接，已经完成与德国阿伦应用技术大学组建物联网与工业4.0研究院，与企业商会组建了天津市物联网与工业4.0研究院。

⑤水资源可持续利用与生态构建技术国际联合研究中心。该中心成立于2017年，与美国佐治亚理工学院、新加坡南洋理工大学、澳大利亚昆士兰大学、俄罗斯科学院水环境研究所等国际知名院校开展了全方位深层次的国际合作。

⑥天津市座舱空气革新性环境研究中心（Center for Cabin Air Reformative Environment，CARE）。该中心的国际合作研究基地于2016年成立，联合美国波音公司、ANSYS等大型国际企业以及国内多家机构形成了多机构联合研究中心，从事与座舱环境相关的研究。

⑦合成生物技术国际科技合作基地（International Joint Research Center of SynBio）。该基地于2013年成立，与合成生物技术领域顶级机构进行多方位的国际合作，推动了我国合成生物技术研究的跨越式提升。

⑧天津神经工程国际联合研究中心。该中心于2009年成立，与邓迪大

---

① 天津大学. 国际科研合作[EB/OL].http://www.tju.edu.cn/gjjl/gjkyhz.htm.

学、剑桥大学、帝国理工学院、哈佛大学医学院、香港大学等多所国际知名学府开展了实质性学术合作与交流。

⑨中澳城市环境与可持续乡村发展研究中心（China-Australia Research Center for Environment and Sustainable Urban Development，CAC_SUD），是天津大学与南澳大学合作共建的研究中心。

（5）外籍留学生培养。天津大学也重视外籍留学生的培养，积极促进高等教育国际化，主要体现在外籍留学生奖学金和对外汉语教学等方面①。

2001年，天津大学国际教育学院获批成为国务院侨务办公室"华文教育基地"。2005年，天津大学国际教育学院成为中国政府奖学金本科来华留学生预科教育试点院校，其汉语国际教育系专门承担相关来华留学生的汉语语言能力培养任务。

（6）孔子学院②。天津大学始终高度重视汉语国际推广和中华优秀传统文化传播，力争"讲好中国故事"，"传播好中国声音"。天津大学在海（境）外建立了三所孔子学院。2007年5月，天津大学在斯洛伐克技术大学成立了文化型孔子学院；2010年11月，天津大学在澳大利亚昆士兰大学成立了学术型孔子学院；2016年12月，天津大学在法国蔚蓝海岸大学成立了商务型孔子学院。

---

① 天津大学. 奖学金[EB/OL].http://www.tju.edu.cn/gjjl/lxspy/jxj.htm.
② 天津大学. 孔子学院[EB/OL].http://www.tju.edu.cn/gjjl/kzxy.htm.

7　发达国家一流高校国际化发展案例研究

7.1　美国典型高校高等教育国际化发展案例

从 21 世纪开始，美国的高等教育国际化发展越来越快，并开始向教育本身回归。大学作为高等教育的主体，在国际化的发展过程中，其作用日益凸显。美国各高校根据自身的不同优势，制定符合自身发展的国际化战略，以提升自己在国际上的地位。这有效地促进了美国高等教育国际化的全方位发展并提升了其在国际市场上的竞争力和吸引力。

7.1.1　耶鲁大学

在 1701 年美国殖民地时期，康涅狄格州公理会建立了一所教会学校，这就是耶鲁大学的前身。经过数年的发展，1718 年首次更名为"耶鲁学院"，后又于 1887 年正式定名为"耶鲁大学"。受到教会的影响，耶鲁大学在发展中极少做出革新，因此耶鲁大学曾经也被认为是一所非常传统的学校。直到 20 世纪 90 年代末，耶鲁大学才开始创新，加快其国际化的步伐。1993 年，耶鲁大学公开宣告其 21 世纪的发展目标：为全球培养出色的领导者。2000 年，耶鲁大学创办耶鲁全球化研究中心（Yale Center for the Study of Globalization），该研究中心与其他国家的知名研究机构、高校、国际性组织等开展合作，旨在利用耶鲁大学的丰富资源进行更多的国际性研究。

耶鲁大学主要有两个国际化战略。

（1）《耶鲁国际化：2005—2008 年战略框架》（The Internationalization

of Yale：The Emerging Framework 2005-2008）。该战略框架的提出为耶鲁大学制定了未来的国际化发展目标：①培养国际化人才。在学生培养方面，耶鲁大学增设国际化课程以拓宽学生的国际视野及提高其国际交往能力。其次，学校与其他一流高校展开校际交流学习活动，为学生提供更多的出国学习研究机会。开展多元化的国际活动，在丰富学生课余生活的同时，锻炼学生的领导能力，以适应全球化的发展。在师资培养方面，耶鲁大学积极发挥全球化研究中心的作用，让本校教师同其他一流高校教师合作，共同参与到全球化研究中，以提高教师的国际化科研能力。②吸引国际化人才。耶鲁大学一方面通过国际校友会招收优秀的国际人才任教，另一方面通过优厚的奖学金政策吸引国内外优秀学子就读耶鲁。这两项政策都极大地提高了耶鲁大学的国际化水平。③打造国际化大学。耶鲁大学的国际化是从学校各学院的国际化开始的。学校要求各学院加强国际化交流与合作，开展更多全球化科研，以提高学校在国际上的知名度，同时学校还要求各行政管理部门构建符合国际标准的管理体系，促进耶鲁大学的国际化发展①。

（2）《国际化框架：耶鲁议程 2009—2012》（International Framework：Yale´s Agenda for 2009 through 2012）。2009 年，耶鲁大学为了进一步提高学校的国际化水平，出台了新的国际化框架，为学校的国际化发展指出新的方向。①继续培养国际化人才。在学生培养方面，耶鲁大学在前一个发展框架的基础上，提出了与更多国际高校展开交流合作的目标，旨在为学生提供更多的国外学习机会。除此之外，这份议程创新地提出精英教育的必要性，通过加强对学生专业能力的培养促进学生科研能力的发展。在教师培养方面，耶鲁大学新建国际事务研究所，关注中东问题，重视区域性及全球性研究，进一步拓宽学校教师的国际视野，同时继续招聘各国优秀人才，加强师资队伍建设。②增强对国际优秀人才的吸引。在人才引进方面，完善移民政策支持体系，设立专业部门，为外籍优秀师资及访问学者提供生活保障服务，帮助他们尽快融入耶鲁大学的校园生活，为他们解决后顾之忧，让他们能够更加专心地投入到教学与科研中。同时，为了增加留学生数量，耶鲁大学开设外语学习培训班，帮助不同语言的留学生快速适应全英语的教学环境。③加强与世界上其他一流高校、科研机构及国际

---

① 教育国际化动态：耶鲁大学的国际化战略及启示 [EB/OL]. https：//gjhzc. cug. edu. cn/info/1088/3216. htm.

组织的合作。耶鲁大学在完善自己行政体系的国际化后，多次开展国际性的校园活动，让广大师生参与其中，与其他国际人才协同完成大量难度高、意义大的全球性热点项目研究，同时，耶鲁大学利用互联网设立耶鲁大学公开课，通过网络在世界范围内授课，让世界上更多的人能够学习耶鲁课程①。

在上述国际化战略的推动下，耶鲁大学的国际化水平不断提高，留学生数量逐年攀升，与越来越多的国际组织建立了密切的合作关系。仅中国就有 16 个城市、45 所大学与耶鲁大学建立了合作关系，如耶鲁大学法学院中国法律中心、复旦—耶鲁教育合作中心、复旦—耶鲁生物医学研究中心、耶鲁大学—北京大学生物医学研究中心、北京大学—耶鲁大学微电子和纳米技术联合研究中心、北京大学—耶鲁大学本科及博士交流项目等。

7.1.2 加州大学伯克利分校

加州大学伯克利分校长期以来在国际化方面一直处于有利地位，为了让自己抓住 21 世纪研究型大学的发展机遇，学校通过国际化战略成功地确保并提升了自己作为杰出学术领袖的地位，同时保持其独特的使命和公众形象。

加州大学伯克利分校校长认为，对于高校来说，建立国际伙伴关系是非常重要的。这不仅有助于学生的学术研究和职业发展，也将对大学与区域经济的发展做出积极贡献。这些伙伴关系可以提供多样化的学术资源和机会，促进学生与国际学者交流合作，拓宽学生的国际交流学习平台。

学校国际化的新举措，就是打造国际化战略发展阵地。这些举措包括：创建更有效的博士教育国际化新模式；将研究生的研究项目与本科生的教学方法相结合；将国际研究与区域经济发展联系起来，多部门协同发展，其中还包括模型构建。项目负责人将与加州大学的 10 个校区密切合作，利用大学现有的能力，整合新的多边合作研究活动、课程和联合项目。除了这些活动之外，加州大学还将与世界各地的友好大学建立多层次的伙伴关系，解决重要且实际的跨学科问题，以及促进师生在科学、技术、人文和社会科学领域的国际合作，其中包括加强与扩大国际交流项目等。该项目将覆盖整个加州各个社区。

---

① 夏俊锁. 耶鲁大学国际化战略研究：兼论 2005 年与 2009 年国际化框架 [J]. 高等理科教育，2013（2）：53-58.

自从开始规划这一战略以来，学校就开始寻找能够胜任项目负责人的优秀人才。经过筛选，一位曾领导过华盛顿城市国际化进程的申请人成功获得该职位。在成为项目负责人后，她开始为加州大学伯克利分校工作，通过自身优秀的专业能力，改变了加州大学伯克利分校的工程教育，提高了大学内各部门的工作效率。

加州大学伯克利分校的国际化有很多经典案例，这些案例的合作项目涉及多个领域，包括环境保护、国际安全、卫生项目等。这种国际化合作可以帮助学生在不同文化环境中获得独特的学习和研究经历，丰富他们的专业知识和技能。同时，这种合作也可以促进学校和国际伙伴之间的交流与合作，推动全球化教育的发展。我国的清华大学也曾参与该项国际交流合作。

7.2 英国典型高校高等教育国际化发展案例

英国长期以来都是高等教育的标杆，因此英国的高等教育国际化对各高校的国际化发展有着极大的启示作用。英国高等教育国际化的发展历程，主要可以分为三个阶段：殖民扩张时期、17 世纪和 18 世纪、二战结束后到 20 世纪 80 年代。

在高等教育国际化的进程中，英国政府和相关部门对高等教育的国际化非常重视。不仅如此，英国的各类大学也采取了积极有效的措施，不断拓展留学生市场和寻求留学生优势国家，加强国际交流和合作。

7.2.1 剑桥大学[①]

剑桥大学的国际化主要分为以下几个方面：

（1）学校定位与行政部门的国际化。作为一所有着深厚历史底蕴的大学，剑桥大学以成为国际性的科研中心为发展目标，通过开展各类高品质科研学习，为世界培养高质量人才，为全球提供优质教学资源，为人类教育事业的发展服务。

剑桥大学通过英国政府、区域性金融机构、校友投资等不同渠道申请

---

① 曾满超，王美欣，蔺乐. 美国、英国、澳大利亚的高等教育国际化 [J]. 北京大学教育评论，2009（2）：28.

财政补贴为学校的国际化发展提供经济支持。在雄厚的资金支持下，剑桥大学成为英国留学生事务委员会的主要成员之一，这是一个专门为留学生提供留学咨询及服务的部门，主要为来英留学的学生提供学习、生活、娱乐等各方面帮助。除此之外，剑桥大学还根据不同的国际事务设立了对应的行政管理部门，如剑桥大学国际处主要负责留学生及外籍教师管理，为在校的外籍师生提供一应俱全的学习与生活配套服务；剑桥大学考试委员会主要负责留学生考试，国际知名的雅思测试（IELTS）就是由该委员会负责的；剑桥大学出版社作为世界上历史最悠久、规模最大的学术出版社之一，以出版著名国际期刊论文及相关论著为主。

（2）师生国际化。剑桥大学以其悠久的历史及严谨的学术氛围，自中世纪以来就吸引着世界各国的卓越人才来校任教，同时也是全球各地求学者的梦中学府。剑桥大学招聘时并不重视教职员工的国籍，相反非常青睐毕业于全球知名大学的优秀学者来校任教。在这样的聘任制度下，剑桥大学培养了各行各业的知名学者，如物理学家牛顿、新加坡总理李显龙、当代最伟大的物理学家霍金、中国著名小说家金庸、中国著名诗人徐志摩等。据统计，剑桥大学共有 2 万多名学生，其中有近一半是留学生，分别来自世界上的 130 多个国家和地区，本科生和研究生的留学生比例分别占 25% 和 50%，这足以证明剑桥大学是一所非常国际化的一流高校。

（3）课程设置及科研成果的国际化。根据其高比例的国际留学生数量，剑桥大学在课程设置上极大程度地立足世界热点，开展国际性的学术研讨，在人文艺术、经济管理、科技发展、临床医学、生物医药等领域均取得了卓越的研究成果。另外，通过其全方位多维度多领域的课程设置，让在校学生能够轻松接触到当今世界研究的热点问题，这也成为吸引国际留学生的主要因素之一。目前，学校有 150 多个院系及科研机构，主要负责学校的学术研究及对国际问题的探索工作。其中包括成立于 1967 年的剑桥大学国际问题研究中心及最近成立的"一带一路"课题研究工作组，分别研究当今国际关系、探索"一带一路"政策体系，为国际战略的制定与实施建言献策。

作为世界上最古老的学术研究中心之一，剑桥大学始终以国际化发展为核心，以全球化的视野建立一所站在世界中心的高等教育学府。未来，剑桥大学将继续坚持国际热点问题研究，加强与世界其他顶尖高校、科研机构的合作与交流，为世界的和谐发展提供源源不断的优秀人才，引领全球高等学府的国际化建设。

7.2.2 诺丁汉大学①

诺丁汉大学于 2000 年在马来西亚成立了马来西亚分校，并在 2005 年
启用了吉隆坡的士毛月（Semenyih）校区。2005 年，诺丁汉大学与浙江万
里学院联合成立了规模更大的宁波诺丁汉大学。

马来西亚诺丁汉大学是英国第一所在国外设立的大学分校，也是英马
合作的大学。它的创立是应马来西亚时任教育部长兼总理纳吉布·敦·拉
扎克的邀请，旨在与马来西亚政府密切合作，将该校发展成为区域高等教
育卓越中心，并在马来西亚的大学教育中发挥领导作用。马来西亚诺丁汉
大学于 2000 年 9 月开始招生，目前设有人文社会科学学院、工程学院和理
学院三个学院。学校的教职员工来自 20 多个国家和地区，每年吸引来自
70 多个国家和地区的学生申请入学。马来西亚诺丁汉大学在多元文化环境
中采用英语教学，提供数十种以英语为母语的学位和专业课程。学生可以
按照自己的进度转学到欧美大学继续深造。他们在马来西亚诺丁汉大学获
得学分后，可获得由英国诺丁汉大学颁发的毕业证书，这与在英国本校就
读没有什么不同。马来西亚诺丁汉大学以其无可挑剔的创意课程、丰富全
面的学术资源和出色的专业精神在全球获得了广泛的师资和生源，英国诺
丁汉大学支持马来西亚诺丁汉大学在马来西亚建立和推广本地学习项目，
从而为来自世界各地的学生提供跨国教育服务。

宁波诺丁汉大学成立于 2005 年，是由英国诺丁汉大学与中国宁波万里
学院合作创办的中外合作大学。该大学的建立得到了教育部的批准并成为
我国高等教育体系的一项创新实践。宁波诺丁汉大学是具有国际先进教育
资源的中外合作大学，与马来西亚诺丁汉大学一样，具有相对独立的地
位。学校秉承英国诺丁汉大学的办学宗旨，保留了其科研传统，并引入了
一流的英国教育资源。学校坐落于宁波市大学园区，校园建筑风格模仿了
英国诺丁汉大学。宁波诺丁汉大学设有人文学院、理工学院和社会科学学
院，提供本科、硕士和博士等多个层次的学位课程。目前，学校拥有 5 600
余名学生，其中包括来自 160 个国家和地区的国际学生。宁波诺丁汉大学
在教学方面推崇现代大学制度，并聘请了符合国际标准的校长、院长和研

---

① 张湘洛. 英国诺丁汉大学海外办学之探索 [J]. 洛阳师范学院学报，2013, 32（4）：6.

究所所长，同时通过在全球范围内聘请优秀教师来优化教学团队。学校拥有 500 多名国际师资力量，教师来自世界 40 多个国家和地区。

除了马来西亚及中国宁波的两个校区外，诺丁汉大学在世界各地也开展了形式多样的国际交流项目，尽管项目开展的主要范围集中在亚洲地区，但目前已与全球 200 多所大学展开合作办学。诺丁汉大学与中国的 90 多所高校签订了合作协议，参与合作的高校每年可派遣大量学生参加交换或联合培养项目。

作为 21 世纪大学联盟的创始成员，诺丁汉大学旨在培养引领 21 世纪的国际化人才。就读于诺丁汉大学的学生可申请联盟内任意大学为期一学期或一学年的交流学习项目，诺丁汉大学也将这样的交流学习设置为学生毕业时申请学位的重要评估部分。在交流学习期间，学生不仅可以获得相应的学分，还可以获得宝贵的出国留学经历。

诺丁汉大学与其他国外一流高校签订联合培养协议，兼容两校的课程设置要求，联合培养面向世界需求的优秀学子。参加该项目的学生第一阶段在国外大学学习，第二阶段在诺丁汉大学学习，就读期间能够获得两所学校的优质教育资源和一流科研环境。参与联合培养的学生可选择 2+2、2+1+1、3+1、3+2、4+1 等学习模式，两校均招收本科生和研究生，学生可在不同阶段分别入读两所学校，毕业时可获得两所大学的毕业证书和学位证书。这种联合培养模式不仅结合了不同国家的教育优势，还为学生节省了一定的费用，一经推出就受到学生的广泛欢迎。

诺丁汉大学利用其学科优势，与国外知名高校合作共建中等高等教育机构，共享学术资源和研究成果。华东理工大学就参与了与诺丁汉大学共建高等教育机构的工作。依托两校的综合优势，华东理工大学与诺丁汉大学在上海奉贤湾成立华东理工大学上海诺丁汉高等专科学校，学院隶属于华东理工大学，校内有生命科学、绿色技术、航空技术三个方向的联合实验室，主要在生命科学、绿色科技和航空航天三个领域开展学生交流项目。诺丁汉大学每年都会派遣科研人员到校参与教学及科研活动，其研究方向主要为兽医科学与脑发展、开发可持续的高效化学和制造工艺、绿色化学、能源、纳米科学和纳米技术、航空航天材料及相关技术、电力电子多电动飞机等。

7.2.3　英国电子大学（UKEU）

英国电子大学（UKEU）在 2001 年由英国政府投资 1 亿美元建立，这是一所通过互联网教学的虚拟大学。学校以运营商的方式向全球宣传英国大学，且英国境内的所有学校都可在此平台上开设线上课程。UKEU 由包括剑桥大学、诺丁汉大学在内的 12 所知名大学投资共建，学校与美国、中国、马来西亚等地的各大高校及英国相关政府部门通力合作，整合英国现有的教育资源，为世界各地的学生提供高等教育机会。

7.3 日本典型高校高等教育国际化发展案例

进入 21 世纪以来，日本更加重视推进国内高校的国际化变革、政府加大对教育的资金投入、提高日本科研的国际化能力和竞争力，与此同时，日本政府还颁布了多项鼓励日本学生出国留学的政策，选拔各领域的优秀学子到国外顶尖大学学习和研究，以提高日本高等教育的国际化水平。2008 年年初，日本政府为了应对日益严重的人口老龄化和低生育率问题，提出了"30 万留学生计划"，系统性地推动留学生招生，吸引更多学生赴日留学并在毕业后留在日本工作，以推动日本社会的全面发展。2014 年，日本文部科学省和日本学术振兴会牵头启动"2014 年全球顶尖大学计划"，该计划以创建一所国际领先的大学为基本目标，以在未来十年内有 10 所国立大学进入全球大学排名前 100 名为最终目标。该计划一经提出就得到了日本各界的广泛支持。

日本国内知名大学的国际化改革总体目标都是提高其国际竞争力及国际适应力，其中包括东京大学、京都大学、东京工业大学、东北大学、大阪大学等。它们提出的国际化战略都以制度改革为基础，改变学校内部的管理体制、师资聘任制度、教学科研体系、留学生服务等。从学校内部管理体制变革来看，五所学校新增多个国际事务办公室，为外籍师生提供全方位的教学、生活等后勤保障服务。在国际人才培养上，五所大学加强各高校之间的交流与学习，实现通识教育互通，促进优秀学者之间的科研交流，共同研发科研产品，提高校内教师的国际化水平。在暑期开展教学，提供平台来提高学生的日语及英语能力，同时与国际组织合作，为学生提供参与国际热点问题研究的途径。在国际科研交流与合作上，五所高校统一步伐，构建日本一流大学学术共同体，深化学科改革，派遣日本学者到其他知名高校交流学习，吸引更多的优秀国际人才参与到日本高校的国际化进程中去。下面选择东京大学和京都大学两所学校进行简要介绍。

7.3.1　东京大学

东京大学作为日本的顶级学府，其"全球顶级大学创建计划"无疑引起了社会的高度关注，成为公众关注的焦点。在《东京大学宪章》里，东京大学设定了自身的成长蓝图，即成为"世界的东京大学"。为了能快速实现该目标，东京大学利用"亚洲大学的意识"，致力于解决关于跨国界的全球性问题，以此努力促进人类文明的进步。东京大学在 2014 年向文部科学省递交了一个名叫"全球校园模型构建"的项目提案，而且在 2019 年的中期评估中，该项目获得了"优秀"等级。这表明这个项目进行得很顺利，并已实现了一些目标成果。该计划以流动性、卓越性和多样性为标准，意图将东京大学打造成为拥有国际化特质的全球领先研究型大学。具体策略如下：在各个学科领域建立世界级的先进研究机构；创立迎合全球化趋势的国际教育体系；提高外国职员及外国学位持有者在教师队伍中的占比；增加英文以及其他外语的课程数量；推动学校内学生和教职员工年龄、性别、母语等多元化因素的发展。东京大学的"全球顶级大学创建计划"已经引入了各种全球化增长新策略，并为后续发展制定了统一的评估标准。在实际实施方面，主要有以下几个重要环节①：

（1）加大对项目的支持力度，并且扩大留学生比例。东京大学计划在 2014—2024 年的十年期间，推行更多的资金援助和优惠政策，同时出台更具诱惑力的奖学金方案，旨在促进更多的留学生选择在日本学习。其目的是，留学生人数从先前的 3 093 人增加至 7 300 人，而留学生在学生总体中的比例也将由 11% 提高到 24.7%。按照东京大学发布的信息，2018 年留学生人数已经增加到 4 248 人，增长约 4%，在过去四年中速度明显加快，比前十年的 2% 增长率高出很多，有明显的项目运行效果。另外，攻读硕士和更高学位的留学生在总数中所占的比例已超过本科生，这个比例已经靠近预期的国际化程度，不过本科留学生的比例依然较低。因此，为了进一步提高留学生的数量并加快国际化的步伐，东京大学实施了以下策略：①扩大英语教学课程的规模；②扩大和增加与国外大学的长期和短期交流项目；③增强对国外留学生的宣传力度。

---

① 薛博文. 日本推进高等教育国际化新战略："全球顶级大学创建计划"的进展、案例和启示 [J]. 高等教育研究学报，2021，44（1）：65-74

东京大学设定了一个十年目标计划，以大规模扩充其外籍教师阵容和持有海（境）外学历的日本教师队伍。这个计划将这两类教师在全体教职人员中的比例从过去的 18.4% 增长至 2023 年的 40%。为了吸引和留住这些教师，东京大学也计划实行灵活的薪酬政策和其他福利待遇，提供良好的职业晋升机会和大量的教职员工住房。同时，它也会倡导邀请全球知名学者来校担任客座教授或参与评审团工作。根据东京大学发布的信息，2015 年，全职教职员工数量为 7 832 人，另加上 2 694 名兼职工作的教育人员。其中，全职外国籍教师 130 人，主要来自亚洲国家，以及 421 名兼职的外籍教师。在所有教职员工中，全职外籍人员只占 1.65%，即便将兼职的外籍教师也计入其中，总的占比也仅为 5.23%，相较于东京大学预期的国际化发展目标，还有一段不小的距离。自从推行"全球顶级大学创建计划"国际化发展策略后，2019 年的全职和兼职外籍教师人数分别上升至165 位和 482 位。然而，与四年前相比，外籍教师在全体教职员工中的占比仅有约 1% 的微弱增长。因此，东京大学引进外籍教师的效果并不显著，这对其加快全球化进程产生了不良影响。

东京大学大力增加与全球的学术交流频率和深度，为期望出国深造的师资以及在校外籍研究人员提供奖学金和研究资金的补贴。依据东京大学的学术研究访学数据可知，在 2014 年，该校共有 11 469 人以访问学者的身份派往国外，同时也接受了 3 731 位来自全球的学者，总人数达到了15 200 人。然而，到了四年后的 2018 年，该校派出的访问学者人数为11 270 人，同时接受了来自国外的 5 069 位学者，总人数增加至 16 339 人。这些数据清晰展示了东京大学在加强国际交流、吸引全球学者方面的成果，然而其对外派遣学者的增长速度稍显缓慢，这是需要在未来进一步优化和改进的地方。

通过分析国外交流项目的学生指导相关统计资料，我们发现在 2018年，东京大学一共接纳了 132 名国外大学的交换生，其中包括 78 名硕士生和 54 名博士生。同时，向国外学校输送的日本学生总数为 60 人，其中 2名为硕士生，其余 58 名为博士生。显然，在交换生项目上，东京大学主要是博士生赴国外大学学习交流，而硕士生的数量则相对较少。此外，选择出国交流的专业主要集中在理科和工科领域，接受国外大学交流人员的院系主要是信息科学院。所以，我们由此得到的启示是：需要尝试平衡各专业的国际交流程度，特别是对于那些接受和输送交流生较少的专业，应提供具有针对性的优惠政策和配套措施①。

（2）优化全球研究平台建设，进一步提升国际交流与合作的深度。在国际合作与交流的层面上，东京大学深化了与海（境）外学府的友好交流与协作，联手多所院校共同举办国际性论坛，已与近百所大学形成合作伙伴关系。东京大学已经成为国际研究型大学协会的一员，并与全球顶尖的大学如北京大学、剑桥大学等建立了合作机制。它每年举办的国际学术会议都针对全球问题进行深度研究，也借此机会推动了学生交换项目以及人才引流。东京大学通过增进和联合国及世界经济论坛等全球性机构的协作，构建了一套涵盖各学术领域的全球性研究网络平台。东京大学联手全球顶级大学，共同制订人才培养方案，并参与包括环太平洋大学协会和东亚研究型大学协会等地区性大学的合作项目。这将推动亚太区域具有相似文化背景的高校进行深度合作。简言之，东京大学的国际协作主要分为区域合作和全球性合作，它们通过结成多元合作关系与全球众多大学进行交流。每年通过举办会议和论坛以实现信息交互，以此增强各方面的国际竞争力，进而实现双赢的目标。

（3）创设国际卓越研究生院项目。在复杂且变化不断的国际环境里，为应对全球化所引发的危机和问题，各地区有着不同价值观的人应当尊重彼此的差异性，共同进行创新研究活动。东京大学为了促进各个领域和不同文化之间的积极交流与合作，以及培养能够处理全球社会问题的顶尖人才，开设了国际卓越研究生院项目（World - leading Innovative Graduate Study，WINGS），该项目的目标是在文理科所有领域的教育研究上达到世界最高标准。通过跨学科的联动，构建出原创的研究范畴，进而营造"卓越性和多样性的连环"，并将其作为东京大学教育研究的主要动力。自 1970 年至今，东京大学已经完成近千项各类国际合作协议②。这些项目不仅涵盖了日本国内的优秀人才，同样也包括全球优秀人才的引进。各学科领域的知名学者和活动积极的教师，不局限于他们所在的学院或研究机构，他们齐聚在这些项目中，共同开展教育工作③。

---

① 吴薇，邱雯婕. 日本一流高校国际化战略的注意力配置：以"顶级全球性大学计划"A类高校为例［J］. 江苏高教，2020（4）：8.

② 自 1970 年至今，东京大学已经完成近千项各类国际合作协议。参见：http://dir.u-tokyo.ac.jp/ScsKyotei/01/？module=User&clear=1.

③ 日本文部科学省网站：https://www.mext.go.jp/.

将人才的全球化培养视为执行国际改革的关键目标，旨在通过培养全球领导者和全球视阈的专业人才，增强对全球事件的参与甚至主导力。东京大学设想创建一个"全球校园模式"，旨在培养具备全球认知能力的知识型全球公民，从而为其在全球化背景下成为世界一流的教育研究型大学赋予了新的推动力。东京大学倡导学生以其生活和成长所需为基础进行独立学习，建立持续自我提升的基本能力。

（4）创新国际交流合作模式，构建国际学术共同体。东京大学的短期目标是构建"国际战略合作伙伴关系"，通过整合学部之间分散而无系统的国际交流合作项目，已经形成了以"学校为主导，多学区参与，强调跨学科特色，以成就为导向"的综合性国际交流合作模式，即"高校之间研究与教育战略合作共同体"（Strategic Partnership between the Universities for Research and Education）。这种沟通协作模式强调密切度、创新力、适应能力以及协同效应。比如，东京大学在校级层面起主导作用，与其理学部、工学部、信息科学与技术研究生院、国际基本粒子物理中心以及瑞士苏黎世联邦理工学院（Swiss Federal Institute of Technology Zurich）一同构筑了战略合作伙伴的关系框架。在此模式下，它们在联合科研、共同举办学术会议、推进学生与教师之间的交流等方面进行了全面合作。

为了增强全球化战略的实施力量和效率，东京大学在校长办公室的指导下设立了东京大学国际咨询委员会（Tokyo International Advisory Board）。该委员会主要由国际高等教育机构、跨国企业或组织的代表组成，其主要职责是向校长提供相关信息的咨询。在实施阶段，学术研究单位和管理部门共同建立了全球校园发展的"联合协调中心"，为东京大学国际咨询委员会提供关键信息。东京大学计划在 2024 年设立"全球化发展事务局"，该机构将由各教研单位和行政部门共同组成，其目标是让各个学部能够完全独立地推动全球化事务进程。东京大学一直注重培养行政人员的全球适应能力，并把建立适合全球化校园的行政团队视为其全球化发展战略的核心部分。为此，它们在 2017 年创建了大学全球化行政管理专职岗位，以便能更好地协调处理学校内部的国际化行政事务。

7.3.2　京都大学

京都大学是综合性研究型大学，是东亚研究型大学协会成员，也是日本文部科学省的"超级国际化大学计划"中的 A 类顶尖大学，在全球都享有极高的声誉，被誉为"科学家的摇篮"。

京都大学的国际化发展战略是：

第一，国际化意识的全面树立及对国际化发展目标的承诺：进行教育和训练以培育全球优秀领导者和知识型全球公民。京都大学倡导通过构建交互式教育和研究环境及推进知识的创新，从而促进科研的全球化。京都大学有意推出"超级国际化课程"计划，其中涵盖与海外大学合作开设课程、联合指导和评估学术论文，以及实施双学位项目等内容。京都大学以一系列措施推动本科教育各方面的国际化，包括改革录取程序、增进教职员工的国际意识、提升学生出入境的便利性、为学生提供更多英语课程。这样的互助影响可以推动研究生教育的国际化进程，并有助于为培养未来全球领先的研究者打造稳固的基础。

第二，建立以实施国际科研合作项目为总体牵引的交流合作新模式。京都大学通过实行"超级国际化课程"计划，并以此为核心点，塑造一支综合能力极高的国际化师资队伍，其中包含任命世界级研究人员为"杰出访问教授"。京都大学计划通过利用日本政府的改革补贴，聘请国际学者，同时进一步加强"京都大学青年学者海（境）外研习计划"，以提供更多的日本籍研究人员赴海（境）外研习和培训的机会。

第三，为确保国际化改革的执行效果，京都大学将建立一个以国际化发展为核心的组织管理模式，并采取相应措施加强执行力度。京都大学已对组织架构进行调整，以支持"超级国际化课程"计划的实施。一是设立超级国际化课程执行管理咨询委员会（Super Global Course Project Implementation Management Consultative Committee），主席由校长担任，主任由分管教育事务的执行副校长担任。委员会成员由国际化战略办公室、文理学院相关人员组成。作为跨学科教学和研究的推动力，由文理学院执行具体任务，推动"工程研究生院""药学研究生院""科学研究生院"探寻并融入其人才开发和科学实践，确定实施"超级国际化课程"计划所需的教育基础。

第四，为全面提升人才培养的全球视角和跨文化理解技能，京都大学进行了深化整体人才培养模式的改革。京都大学在社会科学、人类学、化学以及化学工程等六大专业领域，与海（境）外学府携手开展双学位项目的共同开发、协同教学，以及联手指导与评定学位论文等活动。为加大本科阶段的英文语言教导力度，京都大学争取创编英语教学资料，且参照托福测试准则在大一新生阶段强化英语教学。另外，通过全球性的"慕课"资源分享及聘请"国际化教育专员"，寻求吸引更多的留学生。

7.4 韩国典型高校高等教育国际化发展案例

近年来，韩国政府及高校主要通过以下三个方面的政策不断推动其高等教育国际化的发展，且取得了显著成效。

（1）提高学生国际化水平。韩国政府采取多种举措为留学生提供就业支持，同时协调解决专业课程认证等一系列留学生常见问题，促进留学生成长，提高留学生水平。近年来，中国、越南、日本、蒙古、美国、韩国等国家有大批赴韩求学的研究生，其中中国是韩国留学生的主要来源地，但来自欧美等发达地区的学生数量也在逐年增加。

（2）促进科研国际化。1999 年，韩国政府以建设世界一流的研究型大学和国内顶尖大学为目标开始实施 BK21（Brain Korea）项目。在经过十余年发展后，于 2013 年启动 BK21PLUS 2013 作为其补充项目，以帮扶韩国高校留学生的学习及生活。在该项目的推动下，到 2019 年的 6 年时间内，韩国科研领域教授、研究生和新锐研究人员发表的美国《科学引文索引》SCI 论文数量和质量都有了大幅提升。

（3）举办国际课程促进英语教育的发展。近年来，许多韩国大学开始开设国际课程和专业，以满足国际教育的需求。此外，为了吸引外国学生、培养国际化人才，韩国国内越来越多的大学开始开设国际课程，英语授课的课程比例不断增加。例如，在 2017 年，成均馆大学就有42.3%的课程以英语授课，其中国际商务、经济学专业有80%的课程以英语授课[①]。

7.4.1 首尔大学

首尔大学的前身是 1926 年在日本占领期间建立的京师大学法学院和医学院，于 1946 年正式更名为"首尔大学"。自 20 世纪 50 年代起，首尔大学在美国政府的支持下派出 300 名教授到明尼苏达大学深造，这就开启了首尔大学高等教育国际化的步伐。其国际学生总数在 20 世纪 50 年代和 60

---

① 栗兵. 韩国高等教育国际化策略分析与启示 [J]. 中外交流，2020，27（22）：67.

年代中期增加到 6 000 多人，居亚洲第一。到 1969 年，首尔大学内就已有 50%的教授有美国留学经历。20 世纪 90 年代以来，随着国内经济的快速发展，韩国开始与俄罗斯、中国及东欧各国加强联系，首尔大学也因此得益，开始进行日益频繁的国际学术交流及研究。2001 年，首尔大学成立了国际事务办公室，主要负责学校的高等教育国际化战略①。首尔大学在其编制的综合竞争力报告中指出，学校计划在 20 年内达到世界先进大学水平，发展成为世界一流综合性研究型大学。综合研究首尔大学的高等教育国际化战略，可以将其历程分为以下五个方面：

（1）师资构成国际化。据首尔大学官网统计，截至 2019 年年底，首尔大学共有教职员工 2 110 人，其中有 65%的外籍教师，且大多数都拥有教授职称，约占教职员工总数的 70%。除此之外，96%的讲师具有博士学位。韩国推行的世界高水平大学建设计划（WCU 计划）要求高校教师必须获得海（境）外知名大学的博士学位，并拥有在知名学术机构担任教职的资格。因此，首尔大学更为青睐在海（境）外获得博士学位或曾在国外高校就职的教师，此类人员占全校教师的 24.7%。从就任后的职务和职称变化来看，首尔大学在引进外籍人才后注重发挥引进人员的专业长处及优秀能力，会让他们根据自己的研究方向承担项目带头人的工作。在管理制度上，新聘任的教职人员采取"非升即走"政策，即在任职一定时间后，就算有在海（境）外大学学习多年的经历，若未能成功晋升副教授，也必须另谋出路。可见，首尔大学在招聘外籍师资时，不仅保持较高的比例，而且更加注重师资培养的高标准、严要求。

（2）国际交流与合作国际化。从国际交流的角度来看，在国家层面，韩国政府出台了相关政策支持高校国际化的发展：一是鼓励教师出国留学，与国外优秀教师交流学习，提高科研创新能力，并将教师的海（境）外科研经历纳入大学教师的绩效评定环节；二是大力推动国内高校与国外科研机构合作；三是为出国留学教师提供丰厚的资金补贴及大量的政策优惠。在学校层面，首尔大学一是通过与国外一流大学建立合作关系为学校教师提供广泛的科研学习机会；二是为教师提供更加多元化及制度化的保障，包括鼓励学校教师出国交流学习、欢迎外籍教师来校就任。在鼓励教师出国交流学习方面，首尔大学参考了美国为教师提供带薪休假的经验，

---

① 李松林，凌磊. 韩国高等教育国际化发展战略与实践：基于留学生的数据分析 ［J］. 延边大学学报：社会科学版，2019（3）：9.

教师每工作六年就可以享受一年的带薪休假，休假期间不必参与所有教学活动，鼓励教师利用假期出国深造，加强教师与外籍教师之间的联系。

从国际合作的角度来看，高质量的论文发表是检验教师国际化交流成效的重要方式之一。据统计，在 2005—2014 年这 10 年时间内，首尔大学师生共发表 SSCI 和 SCI 文章 55 517 篇，其中国际合作文章 14 557 篇，占同行论文发表总数的 26.7%。首尔大学与包括美国、日本、加拿大、瑞士等发达国家在内的 125 个国家和地区的科研机构展开紧密合作，校内教师与合作国家和地区的各科研机构联合发表多篇 SSCI&SCI 文章，占首尔大学师生论文发表总数的 77.40%[①]。

（3）教师管理国际化。作为高等教育国际化的重要组成部分，教师管理国际化能够为学校吸引和留住优秀的人才。首尔大学不断学习和吸收国外先进的教师管理体系、方法和制度，与国际接轨，使其教师管理体系达到了国际水平。为推动教师管理的国际化进程，首尔大学在借鉴美国一流大学的国际化师资管理方式后，对其招聘制度、薪酬制度等进行了一系列的重大改革。

①非升即走制度。首尔大学的教师早期也享有绝对的工作稳定性，但从学校进行助理教授职位改革开始，其原本的稳定性受到了一定的冲击。如果助理教授想要晋升并留在首尔大学，他们需要发表更多的国际性期刊论文。首尔大学多聘用优秀的海（境）外留学人才，尤其是美国常青藤高校的毕业生。这些聘任教师在读书期间就对"非升即走"政策十分了解，因此，尽管政策刚出台时受到了一些人的反对，但大多数教师还是接受了这个政策。经过多年的发展，这个政策已成为学校的制度。

②薪酬制度。首尔大学很早就实行了全校范围的年薪制度，但在 2015年，新的薪酬改革废除了固定年薪制，转为采用等级年薪法。这意味着学校教师的工资将以绩效为基础。首尔大学将教师的绩效考核分为 4 个等级，以等级确定年薪：S 级（Top 0~20%）、A 级（21%~50%）、B 级（51%~90%）、C 级（91%~100%）。随着等级的降低，年薪也逐步降低。而这一改革正是参考了美国常青藤高校的薪酬体系。

（5）人才服务国际化。国际化师资队伍建设不仅取决于人才的数量和质量达到估计指标，更重要的是国际教师到校就职后的生活及工作服务。

---

① 李岩松. 东亚大学的国际化发展趋势：以北京大学、东京大学和首尔大学为例 [J]. 北京大学教育评论，2009（2）：7.

能够为他们提供便利和舒适是新入职教师最关心的问题之一。全方位的人才后勤保障政策能够提高新入职教师的满意度，并帮助他们快速适应新环境、融入新文化，更好地完成接下来的科研及教学工作。这些都是影响师资队伍稳定性的重要因素，也是高校吸引人才的主要方面。完善的人才服务能让外籍教师在工作中游刃有余，充满人文关怀的社会保障体系让教师生活无忧，这两个要素都是高校在留住国际化人才时所需要关注的问题。就职办理手续及程序信息公开、生活辅导和工作协助是人才服务的两项重要内容。首尔大学在英文网站上公布了各行政机构的简介和详细联系方式，其中还包括英文版本的教师手册。

7.4.2 延世大学

延世大学是一所全面性研究型高等学府，其目标是通过开展服务，为全人类的富裕和进步做出贡献。这所大学秉持事实和自由理念，不断优化其组织构架，创新教育方式，倡导边缘合作并且进行海（境）外志愿活动，已经在全球化和追求卓越方面取得了丰硕的成果，正在稳步迈向世界顶尖大学的行列。《延世大学建校 150 周年愿景》（Vision-Yonsei 150）以真理和自由为精神引导，以卓越、创新、参与为核心理念，致力于培养具有社区精神的创新型领导者。在培养人才过程中，它重视创新且通过改革教育模式，通过推动产业、学术和研究的合作，产生全球化的影响力。在科学研究领域，它强调卓越表现，并通过革新性的研究方法应对人类所遭遇的重大问题。在社会服务的领域，它通过积极参与以提升社区的凝聚力和多元化，助推韩国和全球的持续性发展。

在愿景规划中，延世大学的国际化思维得以明确体现。创新的教学方式、卓越的研究成果以及社区参与都紧扣全球化大背景，目标在于培养具备社区责任与创新精神的全球领导者，增强延世大学乃至韩国在全球的影响，从而推动世界的繁荣与可持续发展。愿景规划和国际化发展相互贯通，互利互生①。

（1）完善组织机构，提供国际化支持。为了能快速推动国际化发展的进程，延世大学于 1966 年成立国际事务办公室（Office of International Affairs, OIA）。这个办公室建立了三个小组（国际事务团队、国际学生与学者支持团

---

① 李莹，郗海霞. 日韩高等教育国际化战略比较研究：基于东北大学和延世大学国际化战略的鱼骨图分析 [J]. 高教文摘，2022（12）：4.

队、国际招生团队），以推动功能性管理，以便为成就延世大学旗帜，塑造它为亚洲的世界级大学提供有力的方向。国际事务团队负责国际合作、交流计划、国际访问和协议以及延世大学暑期及冬季项目等非学位课程项目。国际学生与学者支持团队为在海（境）外的学生和学者们提供了各种多元化的支持服务。如提供国际宿舍、SK 全球宿舍等多种选择，以此来提升留学生的学术水平，面向其设置国际咨询与辅导服务中心（International Counseling & Coaching Service，ICCS），提供讨论区、全球休息室等场所，开设全球日、韩国文化体验、全球天使等多种课外活动等。国际招生团队主管监控全球学生对延世大学学位课程计划的申请，每个团队都具有相互独立性，职责清晰，同时紧密合作，共同确保延世大学国际化的持久发展。

（2）融入三大职能，多维共同推动。这包括：

①推动教育方式的变革，增加全球知名度。为了实现培养具备社群意识的新型领导者的目的，延世大学积极推行独树一帜的住宿学院教育方式，来吸引世界各地的优秀人才，进而持续提升其全球知名度。

寄宿学校教育形式把宿舍楼从仅作为生活区块变革为综合教育区域，每个星期筹办学术活动以及课外团体活动，将学生培养成具有"5C"［Communication（沟通）、Creativity（创造）、Convergence（融汇）、Cultural Diversity（文化多元）、Christian Leadership（奉献引领）］能力的创新型领导者。寄宿学校成功地融合了正规教学、非正规学习体验以及个性化支持，以实现生活与学习的一体化，同时提供三个模块的教学方案：一是全人教育，主要是通过各种文化和艺术活动来全面提升和塑造学生在德、智、体、美方面的综合能力。二是全球教育，将侧重点集中于学生对多样性文化的理解上，以此来实现学生全球领导能力的提升。三是创新教育，通过进行一系列经验主导的项目活动，促进了学术知识与非学术理解的融合，从而形成了一种整合式创新教育模式。为确保学生生活和学习顺利，寄宿学院实施三层级的咨询系统机制：第一是学术咨询，主要根据新生的专业来安排他们的学术顾问，并实行导师制度，以此提供专业和职业上的指导，从而提升学生对他们专业的归属感。第二是学院咨询，为确保教育方案的有效实施，我们将组织年级级别的交流讨论会和提供全面的学习指导。第三是寄宿学院咨询，主要承担寄宿学院的教育与监督、项目行动的创新构思，旨在开发学生的综合能力并鼓励团队协作。

②打破学科界限，合作开展国际前沿研究。作为一流的研究导向型大

学，延世大学旨在消除学科、院系以及校园之间的隔阂，大力推行跨学科混合研究。同时，它也在努力消除大学和产业界之间的隔阂，全方位地推动产学研协同合作，期望在全球研究和学界与工界合作中处于领先地位。在2019年的泰晤士高等教育世界大学影响力评级中，在"产业、创新与基础设施"这一指标里，排名首位的是延世大学。

延世大学重点研究领域具有一定的多样性与广泛性，其中涉及医学、生物化学、材料科学、人文社会科学等。为了更有效地应对日益复杂的社会问题，延世大学以积极的态度参与东亚研究中心大学协会、环太平洋大学联盟等多个全球学术及研究策略网络。延世大学与超过71个国家和地区的700多所大学建立了高等教育研究的合作关系，同时建立了很多专门用于探讨世界当前重大问题的优秀研究中心和前沿实验室，例如研究气候变化与国际法律的研究中心，以及研究未来城市与社会相关问题的研究中心。设立研究管理部门，专门提供个性化的行政支持，以营造优秀的科研环境供研究人员使用。延世大学通过与全球顶尖大学和产业的深度合作，利用学术衔接和资源互惠，致力于推动地区及全球社会的发展，应对当今世界的机遇与挑战，从而使国际高等教育有更多的优势。

（3）开展海（境）外志愿服务，推动可持续发展。延世大学强调社会参与的重要性。它们的教育宗旨是"以服务他人为原则，打造全球领袖"，将社会服务作为核心的教育目标。

因此，延世大学实施了众多的国际服务项目，形成了全球社会福利网络。海（境）外志愿活动的双重目标包含精神上提升和塑造延世大学的成员以锻炼他们的领导能力、交流技术及拓宽国际视野，同时也致力于为遭受海（境）外生活困扰的个体提供希望和帮助。延世大学建立了志愿服务中心，其目标是提升亚洲5个国家（越南、尼泊尔、蒙古、日本、柬埔寨）公民的生活水平。延世大学利用自身优势，结合并整合本地资源，为本地儿童、身障人群以及老年人筹划联合项目，提供他们所必需的志愿服务。总结来说，以建立国际化环境为中心，延世大学的全球化扩展坚持真理、自由、开放的原则。通过多个团队的紧密合作，实现功能性的管理，建立独特的寄宿学院教育模式，推动国际产业、学术和研究的合作，并提供海（境）外志愿服务，这些都共同推动了延世大学卓越的全球化发展。

8 高等教育国际化对培养一流国际化人才的作用

8.1 "双一流"建设致力于培养一流国际化人才

近年来，教育部联合多部门呼吁，要立足"双一流"建设背景，提升我国高等教育人才培养的国际竞争力，推动高等教育对外开放，加强中外国际交流，加快培养具有全球视野的高层次国际化人才，能服务于国家战略，致力于突破"卡脖子"关键核心领域的科技人才、一流科技领军人才和创新团队，为全面建成社会主义现代化强国提供有力支撑。

目前我国高等教育国际化人才培养还存在诸多问题，如现存国际人才分布不均、人才培养体系不完备、人力培养资源有限、人才培养理念滞后、人才培养模式创新不足、师资体系建设不强、相关课程体系设计不完善、人才培养路径不全面、人才培养模式较单一、人才培养目标定位不明确、人才培养实践环节不健全①②③④。借鉴世界一流大学普林斯顿的国际化人才培养模式，我们认为可持续发展的国际化人才培养模式应包含国际化师资、国际化生源和国际视野培养三个方面。刘佳等指出，在转型发展

---

① 鲍春艳，孙伟. 国际化人才培养模式存在的主要问题及对策分析 [J]. 财富时代，2021，198（11）：53-54.

② 徐颖. 应用型本科高校国际化人才培养模式研究与实践 [J]. 就业与保障，2021，289（23）：115-117.

③ 刘佳，张红，左旭乾. 转型发展背景下地方高校国际化人才培养模式探析 [J]. 工业技术与职业教育，2022，20（1）：67-70.

④ 李文竟. "双一流"建设背景下高校国际化人才培养模式研究：普林斯顿的启示 [J]. 教育现代化，2020，7（4）：66-67，81.

背景下，国际化人才培养模式探索实践要以课程为抓手，创新国际化人才培养方案；要以教学为重，打造高水平师资队伍；要创新交流模式，搭建国际化教学合作平台；要以评促建，完善外围评价保障体系①。蒋吉优认为，在"一带一路"倡议背景下，职业教育国际化人才培养模式的构建要更新教育理念，探索国际合作新模式；要加强平台建设，打造资源共享实践平台；要立足国际形势，构建接轨国际的课程体系；要加强师资队伍建设，打造国际化优秀师资团队；要强化保障支持，构建多位一体的保障机制②。孙一等以国际化人才培养为核心，从培养理念、培养机制、办学特色、课程体系、文化教学、海（境）外引致、校企合作七个方面，提出了在"一带一路"倡议背景下应用型本科高校国际化人才培养模式③。

因此，在"双一流"建设背景下，一流国际化人才培养目标是：要面向世界科技前沿、面向经济主战场、面向国家重大需求，培养具有创新意识和国际视野、国家使命感和社会责任心，能掌握国际规则和多元文化，能进行跨文化融合和创造价值，具备国际理解和沟通交流能力，能服务于"卡脖子"关键核心领域的一流科技国际化领军人才。而在"双一流"建设背景下，一流国际化人才培养模式的构建是一个系统化、全方位的过程，需要从国际化的师资队伍、国际化的课程设置、国际化的教学平台、国际化的培养理念、国际化的培养体系等维度展开，从而最大化地延伸国际化人才培养效果。而"卡脖子"关键核心领域的一流科学技术人才是现阶段我国最缺乏的人才，所以，培养一批能服务于"卡脖子"关键核心领域的一流科技国际化领军人才是"双一流"建设背景下一流国际化人才培养模式构建的关键所在。

---

① 刘佳，张红，左旭乾. 转型发展背景下地方高校国际化人才培养模式探析 [J]. 工业技术与职业教育，2022，20（1）：67-70.
② 蒋吉优. "一带一路"背景下职业教育国际化人才培养模式探讨 [J]. 武汉冶金管理干部学院学报，2021，31（4）：75-78.
③ 孙一，徐晓颖，王蕴，等. "一带一路"背景下应用型本科高校国际化人才培养模式研究 [J]. 吉林工商学院学报，2020，36（1）：118-122，125.

8.2 我国"卡脖子"产业急需一流国际化人才

近年来，我国积极推进科技自立自强，科技创新与发展取得了巨大突破，但我国在关键核心领域仍面临着"卡脖子"技术难题，尤其是在芯片、发动机、数控机床、材料和工业软件等方面与国际最新先进技术还存在巨大差距，部分关键零部件和装备严重依赖进口。2018 年，《科技日报》① 刊发多篇文章，报道制约我国工业发展的 35 项"卡脖子"技术，具体目录如下：操作系统、光刻机、芯片、触觉传感器、真空蒸镀机、航空发动机短舱、手机射频器件、iCLIP 技术、重型燃气轮机、激光雷达、适航标准、高端电容电阻、核心工业软件、ITO 靶材、核心算法、航空钢材、铣刀、高端轴承钢、高压柱塞泵、航空设计软件、光刻胶、高压共轨系统、透射式电镜、掘进机主轴承、微球、水下连接器、燃料电池关键材料、高端焊接电源、锂电池隔膜、医学影像设备元器件、超精密抛光工艺、环氧树脂、高强度不锈钢、数据库管理系统、扫描电镜。根据《中国战略新兴产业》②，目前我国至少已经攻破了 21 项关键技术，而还未攻破的 14 项关键核心技术为：光刻机、航空发动机短舱、iCLIP 技术、适航标准、高端电容电阻、核心工业软件、核心算法、铣刀、航空设计软件、光刻胶、透射式电镜、医学影像设备元器件、环氧树脂、高强度不锈钢。

党的二十大报告明确提出，坚持面向世界科技前沿、面向经济主战场、面向国家重大需求、面向人民生命健康，加快实现高水平科技自立自强。以国家战略需求为导向，聚集力量进行原创性引领性科技攻关，坚决打赢关键核心技术攻坚战。而要打赢关键核心技术攻坚战，关键在人才，其中解决"卡脖子"关键核心技术攻关人才严重缺乏问题是储备战略人才力量的核心组成部分。因此，要解决这些关键核心技术问题，就必须要自主培养出一批可以面向国家重大需求的关键核心技术人才，打造出一支世界一流的科技领军人才和创新团队，培养出一支具有国际竞争力的一流国际化青年科技人才后备力量和队伍。

---

① 刘亚东. 除了那些核心技术，我们还缺什么？[EB/OL]. http://www.stdaily.com/index/kejixinwen/2018-06/22/content_683428.shtml.

② 巴中在线. 中科院列出的 35 项"卡脖子"技术，至少已经突破 21 项[EB/OL].http://www.cnbzol.com/auto/dongtai/2023/0711/1941039.htm.

8.3 "双一流"高校培养"卡脖子"产业一流国际化人才的实践

面对还未实现从 0 到 1 突破的 14 项"卡脖子"技术难题，要增强科技创新能力，增强产业链、供应链韧性，加大基础研究力度，推进应用研究，实施补链、强链专项工程，加速攻克"卡脖子"问题。而要破解"卡脖子"技术难题，打赢关键核心技术攻坚战，关键在人才。人才培养是高校所承担的首要义务与责任，因此，我国"双一流"高校致力于培养"卡脖子"领域技术人才，通过设立新工科学院和专业、创新人才培养模式等实践，促使基础研究和产业需求纵向贯通。因此，破解"卡脖子"技术难题，高校大有可为。

8.3.1 东部地区高校"卡脖子"产业一流国际化人才培养实践

8.3.1.1 清华大学

清华大学作为我国人才培养的重要基地，致力于解决国家"卡脖子"关键核心技术问题，涌现了一批"从 0 到 1"的原创成果，打造了一批国际一流水平的研究机构和研究团队。2020 年 10 月，清华大学被率先授予了集成电路科学与工程一级学科的硕士、博士学位点，并于 2021 年 4 月 22 日成立了集成电路学院，由原微电子与纳电子学系与电子工程系共同建设，创立了"1+N"的合作模式，然后在此基础上，建立了一个面向集成电路产业发展的跨学科研究中心，对该领域的人才进行全面培养，并深入到科学研究中。而在教师队伍的组建方面，该学院采取兼职和双聘（同一人接受两个不同单位的正式聘用）相结合的方式，打造一支高素质的教师和科研队伍。与此同时，学院还将与产业链中各个领域的头部企业展开全方位的产教融合，以行业前沿技术和最迫切需求为导向，在高素质的人才培养和高水平的科学研究方面展开研究。在集成电路人才培养上，学院将招收不同层次和类别的学生，如本科生、专业型硕士生、学术型博士生以及专项博士生。其中，在本科阶段，采用"大类"和"学院"相结合的培养模式，而在硕士生、博士生阶段，重点培养高素质、高水平、高层次的创新人才。集成电路人才培养将瞄准集成电路"卡脖子"难题，聚焦该领域的前沿，突破该领域的学科壁垒，加强各学科的交叉融合，突破该领域的关键核心技术，培养出一批国家急需的高层次人才，在该领域取得国际领先地位，为我国集成电路产业的自主创新发展提供有力的人才支持。

8.3.1.2　北京大学

北京大学持续推进新工科建设，助力解决"卡脖子"问题。北京大学在学校"十四五"规划中明确提出，要把全力支持新工科建设作为完善学校创新体系的重要内容，力争在"十四五"发展时期，实现覆盖前沿学术研究、关键技术攻关、国家重大工程的新工科人才培养、学术研究、成果转化的快速发展。近年来，北京大学响应国家科技发展号召，相继成立了多个新学院，以推进北大新工科建设。现有 13 个院系和研究机构作为主要建设单位，包括能源研究院、工学院、环境科学与工程学院、未来技术学院、人工智能研究院等，涉及 11 个一级学科。但是，在未来的科技发展中，面临着新的机遇和挑战，北京大学将会强化对新科技革命和产业变革趋势的研判与分析，凝练出新工科发展的技术标准、建设方向，增强学科建设先导性，突出重点，加大对新工科发展的资金投入，在新工科发展的文化、制度以及整个学科生态体系等方面下功夫。

8.3.1.3　厦门大学

厦门大学根据国家战略和自身定位需要，近年来持续在学科体系、人才体系、治理体系、保障体系等方面发力，构建一流特色体系，并顺利入选世界一流大学 A 类建设高校。在第二轮"双一流"建设中，厦门大学有六个学科入选：教育学、化学、海洋科学、生物学、生态学、统计学。而在突破关键性技术难题方面，厦门大学主要通过抓科研方向选择、成果评价、科研组织方式"三个改革"来实现突破。科研选题来自现实需求，通过问题导向和组织协同，与合作企业协同攻关，让成果更具有可转化性。同时，厦门大学与厦门市科学技术局、厦门市集美区人民政府合作，共建嘉庚高新技术研究院，以促进科技成果转移转化为目标，共同推进"金砖国家"新工业革命伙伴关系创新基地建设。此外，厦门大学还与海（境）外高校、著名学者等在人才培养和科学研究方面都有国际合作，如和诺贝尔生理学或医学奖得主布鲁斯·博伊特勒教授合作，创办了博伊特勒书院；和英国创意艺术大学共建了厦门大学创意与创新学院。

8.3.2 中部地区高校"卡脖子"产业一流国际化人才培养实践

8.3.2.1 华中科技大学

瞄准"卡脖子"难题，2021年5月，华中科技大学成立了未来技术学院和集成电路学院。未来技术学院将未来10~15年科技前沿作为学科发展的重点，瞄准国家未来发展的战略重器，根据产业发展的逻辑体系，凝练未来科技发展的战略方向。其目的是要构建一种以交叉研究为基础的人才培养模式，促进教育链、人才链与产业链、创新链之间的有机结合，从而促进高校体制机制创新，实现对未来科技创新领军人才的前瞻性和战略性培养。而集成电路学院立足于国家经济发展和国家重大战略，瞄准集成电路"卡脖子"难题，以"国际视野、拔尖示范、协同育人、自主创芯、服务地方"的思路，以"人才培养、科学研究、学科建设"为核心，以"三位一体"的方式，以存储器、传感器、光电芯片、显示器、化合物半导体等为特色方向，突破集成电路关键核心技术，培养国家急需的集成电路人才，支撑和引领华中地区及我国集成电路事业的自主创新和产业高速发展，实现集成电路学科国际领跑。

8.3.2.2 湖南大学

湖南大学机械与运载工程学院聚焦前沿研究方向和"卡脖子"技术，坚持自主创新，在薄板冲压成型及模具技术、汽车碰撞安全技术、汽车先进设计制造、复杂装备数字化设计、高效高速精密磨削技术等研究领域中，确立了国内领先、国际先进的地位。2020年11月，湖南大学与无锡市人民政府、无锡经开区管委会合作共建湖南大学无锡智能控制研究院，主要围绕运载装备的智能控制，开展关键技术研究、工程样机试制和测试试验等工作，打造"1+X+1"工程。湖南大学机械与运载工程学院的培养目标是掌握学科基础理论与专业知识，具有科学、工程和人文素养，具备工程实践能力、研究应用能力、组织协调能力、创新意识和国际视野，在国民经济重要领域，从事产品生产与生产制造、科研与教学、经营与管理等方面工作的高端人才。

8.3.3 西部地区高校"卡脖子"产业一流国际化人才培养实践

8.3.3.1 电子科技大学

电子科技大学把着力解决制约国家发展全局和长远利益的重大科技问

题尤其是电子信息领域"卡脖子"关键核心技术难题,作为"办实事、开新局"的重要内容,努力为实现国家高水平科技自立自强贡献力量。电子科技大学围绕国产化自主可控,探索重大工程任务"两总"模式,针对电子元器件、测试仪器、工业软件等长期受制于人的领域,学校勇立"军令状"、敢签"责任状",牵头国家专项工程任务数居教育部高校首位。电子科技大学以"独有独创、不可替代"为目标,奔着最紧急、最紧迫的问题发力,强化资源配置,建立3个科研先行示范区。电子科技大学瞄准未来战略必争领域,推动设立电磁空间、智能博弈、量子互联网等10个先进技术研究中心,牢牢掌握科技发展主动权,努力提高关键核心技术创新能力。电子科技大学聚焦科技工作中的重点难点,发挥组织优势,从制度安排、激励措施、条件保障、考核评价等方面精准发力,构建了以《服务国家重大需求战略若干意见》为"纲",以《重大任务绿色通道实施意见》等办法为"目"的"1+8"政策体系。电子科技大学实施"攀登工程""双百工程""托举工程",加快领军人才、高层次队伍、青年科技骨干梯队建设。电子科技大学设立了国防特色岗位,加快建立一支国防领域的高水平研究队伍。电子科技大学落实"放管服",探索以质量贡献为导向的CQI科研人才评价体系。2021年,电子科技大学引育以院士等高层次人才为代表的杰出人才近百人。电子科技大学在粤港澳大湾区、长三角、成渝双城经济圈布局建设研究院,与华为、中国电信等龙头企业建设联合科研平台,加快推进政产学研深度融合,科技成果转化规模同比翻番。

8.3.3.2 西安交通大学

西安交通大学作为百年学府、西迁名校,在破解各种"卡脖子"技术难题上具有卓越的表现,如攻克了一系列重型燃气轮机基础理论和关键核心技术、高端包装印刷装备关键技术和5G"卡脖子"难题。其经验在于,广泛开展校企合作,共同探讨、应对"卡脖子"问题,有助于突破技术瓶颈、加快研究成果落地。西安交通大学依托中国西部科技创新港,与龙头企业、大院大所深度融合,积极探索建立"一中心、一孵化、两围绕、一共享"的"1121"产学研深度融合新模式,扎实推进学科交叉、产教融合、科教融汇、联合攻关、协同育人。此外,西安交通大学还将进一步深化在产学研一体化过程中的新布局,如在长三角区域设立研究院,同创新港等模式建立联动,形成以成果为导向、以企业发展需求为主导的技术创新、研发、孵化流程,增强应用牵引的基础研究体系。通过双方共建,企业将实验室"建到学校",增强专家、教师、企业、学校的深度融合,在人才培养、人才留用等方面创新性地提出综合解决方案,从而降低校企沟通成本,解决人才留用的现实需求,创新攻坚"卡脖子"技术的校企合作体系。

8.4 高等教育国际化促进一流国际化人才培养

"双一流"建设是当前我国高等教育的重大战略决策,而培养一流的国际化人才是高等教育国际化发展的终极目标。高等教育国际化在人力资本、科技创新、社会服务以及产业化等方面拉动经济的增长,而经济的增长反过来也会推动提高高等教育国际化水平。从人力资本层面来看,伴随着高等教育国际化水平的提高,不仅吸引了大量海(境)外学者及留学生进行教学及访学,也拓宽了本校师生的国际视野,提高了研究能力,从而提高了当地院校的人力资本水平,同时,其毕业生也可以弥补各行业的人才缺口。从科技创新层面来看,高等教育机构是科技研发的重要基地,在其国际化的过程中,会接触到海(境)外高校、更加发达的科技。在经过多方合作之后,增强了其科研能力,提高了劳动生产率,成为经济增长的源泉。从外国留学生层面来看,在中国留学的高层次的硕博留学生,不仅可以把国际上世界各国的最新知识、资讯、信息和学术思想带到中国,也可以丰富我国学生的学术和文化知识,开阔思维视野,提高自身素质[①],还可以将我国的学术理念传播到世界各地,从而提升学术水平和创新能力,促进我国高校人才培养的国际化进程,提高我国一流国际化人才的国际影响力。因此,"双一流"高等教育国际化与一流国际化人才培养存在明显的双向互动关系。

一方面,在"双一流"建设背景下,高等教育国际化致力于一流国际化人才培养。在推动"双一流"建设过程中,高等教育也朝着国际化方向发展,而高等教育国际化发展又以"培养一流人才、服务国家战略需要、创建世界一流"为准则,力争在关键核心领域,加快培育战略科技人才、一流科技领军人才和创新团队,为我国建成社会主义现代化强国奠定坚实

---

① 喻明明. 来华留学生教育管理的若干问题研究:以重庆大学为例 [D]. 重庆:重庆大学,2010.

基础。"双一流"建设推动高等教育国际化发展,为高校国际化人才培养带来了发展契机,需要通过对高校国际化人才培养目标、教学体系、课程设置等进行顶层设计,以推动高校国际化人才培养改革,提升高等教育国际化与一流国际化人才培养的匹配度,激发高校为国家战略服务的主动性与积极性。因而,把握"双一流"建设推动高等教育国际化发展的机遇,对于提高我国高等院校的国际化教育与教学综合实力、学科发展的国际竞争力和国际化人才培养质量,具有十分重要的意义。

另一方面,一流国际化人才的培养有助于推进"双一流"高等教育国际化建设。高等教育战略和国际化战略的有效实施,推动了高等教育国际化发展,高校通过开展国际化教学、引入国外优质教育资源、建设国际化师资队伍、提供留学资助项目等方式,促进了一流国际化人才培养,进而推进了"双一流"建设中高等教育国际化发展的具体实践。同时,国际化既是"双一流"建设的重要遴选条件,也是"双一流"建设任务和指标完成的重要评价标准。因此,提升国际化人才培养质量,有助于推进我国"双一流"高等教育国际化建设。

9 "双一流"建设背景下 高等教育国际化的对策

世界一流大学都具有高度国际化的特征，国际化可以说是全球一流大学的基本特征。2015 年，国务院提出要加强国际交流合作，促进国际协作创新，打造出较好的国际一流教学科研环境，提高中国高等教育的国际竞争力。2017 年 1 月，国务院颁布《统筹推进世界一流大学和一流学科建设实施办法（暂行）》，明确提出国际交流与合作是世界一流大学的遴选条件之一。

在"双一流"建设背景下，教育国际化需要内涵式发展。首先，要在实行教育观念国际化的前提下，促进高校师资队伍的国际化。其次，要在教育理念、专业设置、课程设立、课程体系和教学方法等方面进行改革创新，使之朝着国际化发展。再次，要在学术交流和合作研究上，加强国际互动，将学生所修课程学分实现国际互认，课程体系和教学内容与国际接轨，是培养国际化人才的必要条件①。最后，要在管理体系和服务机制上实现国际化发展，这是内涵式发展的必要保障。

9.1 妥善解决高等教育国际化的三对关系

在高等教育国际化的过程中，需要妥善解决高等教育国际化的三对关系。

（1）国际化与本土化关系。我国高等教育国际化起步较晚，通过引

---

① 夏辽源，曲铁华. 我国高等教育国际化"内涵式"发展探析 [J]. 东北师大学报（哲学社会科学版），2018（2）：154-160.

进、借鉴与合作等路径推动高等教育国际化发展不可避免，但在该过程中，对国外大学表现出了严重的依附性，将高等教育西化而忘了本土化。如将在西方学术检索系统 SCI、SSCI 发表论文作为我国大学教师评定职称的重要指标。美国的著名政治学理论家塞缪尔·亨廷顿（Samuel Hungtington）将"本土化"定义为"本土的、扎根于历史的风俗习惯、语言、信仰及体制的自我扩展"。而高等教育的本土化也可称为高等教育民族化或个性化。本土化与国际化的关系是辩证统一的，两者相互依存、转化：本土化吸收国际要素的精华，通过在国际化进程中的精炼和萃取，逐步融入国际化有机整体中；而汇集了各民族之精华的国际化要素，经过对其本土化过程的扬弃与整合，就能充分体现出各民族的特色与魅力。妥善处理本土化与国际化的关系，是借鉴发达国家先进经验的同时弘扬民族特性的基础。

（2）竞争与合作的关系。与海（境）外高校或机构进行合作办学是高等教育国际化的重要方式之一，通过高校办学理念、教学师资和科研成果共享，促进了大学的要素流动，提高了相应大学在世界教育市场上的份额。目前，我国高等教育进行海（境）外合作时片面注重办学理念、教育方式等的输入，而缺乏对教育输出的强调，即缺乏与海（境）外高校和机构竞争的理念。

（3）人才输出与回归的关系。随着经济全球化、高等教育国际化的发展，各国之间对生源、人才的争夺愈演愈烈，再加上教育服务业的发展，以及对高端移民政策的开放，使得发达国家成了世界范围内的"人才收割机"。而在我国高等教育国际化的进程中，出国的学生比引进的留学生多得多。而在 21 世纪，国家之间的竞争，归根到底是人才的竞争。为了让我国屹立在世界之林，需在积极推动高等教育国际化时，对人才流失问题予以特别关注，实施人才强国战略。具体来说，一要树立重视、尊重人才的好风气。人才流失的重要原因之一就是我国对人才重视程度不够。二要提高高等学校自身的竞争力。唯有这样，才能提高对国内外优质生源的吸引力，让我国高校成为一个对政治、经济、科技和文化等各个领域具有强烈辐射作用的人才培养中心。三要建立对人才的保障制度及人才上升通道等相关制度，为真正优秀的人才提供无忧的上升保障。只有达到人才的输出与回归的动态均衡，才会使高等教育国际化既能占据世界教育市场，同时又能实现国内经济的持续增长。

9.2 从政府主导型向院校主导型转型

按照实施主体的不同，世界高等教育国际化大致可划分为政府主导型、政府—院校协作型及院校主导型。当高等教育国际化的管理由政府自上而下进行，经费由政府预算划拨时，就形成了所谓的"政府主导型"；当高等教育国际化管理也走向了自上而下分权的道路，政府对高等教育国际化的进行发生指引或者协助作用时，便出现了"政府—院校协作型"；当高等教育国际化的进程较少地依赖政府，基本上出于高校的市场行为时，即为"院校主导型"。当前各国高等教育国际化的进程，大都属于政府—院校协作型。如日本的"超级国际化大学计划"。所谓的"超级国际化大学"，是指以培养国际化高素质人才和推动世界性研究为目标的大学。美国高等教育向来以政府集权与地方分权相结合著称，高校享有充分的办学自主权和学术自由。但21世纪的美国联邦政府逐步通过战略化政策来限制大学的自主性活动，以要求其按照国家需求进行高等教育的国际化。当前，我国高等教育国际化受重视程度还不够高，且资金较为缺乏，需要政府政策扶持。因此，在教育服务化市场机制下，目前的高等教育国际化应为"政府—院校协作型"，当国际化程度达到不再需要政府扶持，自身的吸引力巨大时，便可逐步向"院校主导型"过渡。

9.3 "双一流"学科与专业及课程体系的全面国际化

高校的学科建设是指按照高校发展的实际情况，以社会、经济的发展需要和学科的一般发展规律为依据，将推动学科的发展和提高学科的层次作为最终目的，从学科基地、人才培养、学科梯队、管理制度、研究方向等多个方面对学科布局进行优化，以推动学科体系的建设，使学科整体水平达到较高目标，得到充分发展并服务于社会、经济、文化发展的一种实践活动。学科建设国际化，就是在"双一流"建设背景下，实行学科建设国际化的实践活动。

高等学校的管理者必须具有国际化意识。高校领导将我国高校与国外一流大学的体制、制度进行研究与比较，分析其差异所在，以此来提升中国高等教育国际化的理论研究，并对我国高校在国际化进程中因体系固化而造成的各部门相互制约问题进行深入探讨。此外，还将以培养具有国际竞争力的创新型人才为目标，探索实现理念、论证资源国际化的具体方法。其次，师生队伍的国际化。我国高校可以通过高层次海归人才招聘方式、教工海（境）外进修等方式，实行师资队伍的国家化。各个高校通过国外留学生的招收、中外大学生之间的相互访问，可以更好地实现人才国际化发展，推动了中国国际化交流的可持续性发展，为我国高校学生的语言交流和社交能力打下了良好的基础。

"双一流"建设背景下的专业国际化，必须充分考虑经济与社会发展对人才的需求，必须遵循高等教育发展的各项内部关系规律，专业设置必须符合高校自身的办学积淀。

专业国际化体现在人才培养的目标和规格、教育过程、管理与评价和方式、方法与手段等几个层次。在人才培养目标上，应该设定培养具有国际视野的人才。教育过程以国际通用语言为媒介。从国际化管理的视角来看，要强化教务管理队伍的建设，完善行政管理体制，建立一支高素质的行政管理队伍。从学生培养方式来看，要多给学生提供国际交流的机会，培养视野宽广的国际化人才。

课程体系国际化可以从以下几个方面入手：一是"双一流"建设背景下的课程体系国际化，主要从专业基础课程、专业核心课程和选修课的教材和师资、课程平台等方面进行国际化；二是在专业基础课与选修课中增加国际性内容，并在有关课程中加强国际化教学内容和方法的研究；三是开设拓宽学生国际视野和增强国际竞争力的国际化课程，如西方文化通论、国际组织通论等，采用以英语教学或者双语教学为主的教学方式；四是要吸收、借鉴、使用世界各国各地高校优质的课程资源、优秀课件和优秀教材，并结合我国高等教育专业特色，将其有机融合在一起，学会融会贯通。

9.4 构建以学术外语为主的外语课程体系

韩国为培养具有国际竞争能力的高素质人才，对外语教育给予了高度重视，并将其提升到了战略发展的地位上，通过一系列积极的措施，使其快速地发展起来。在七次教育改革中形成的外语教育政策都顺应了国家的经济发展战略要求，并为其提供了全方位的服务。

随着中国高校国际化的发展，学生的外语听、说、读、写能力都较以前有了不少提高，公共外语学生外语水平普遍得到了提升。但是，在大学生参与国际交流合作项目方面，高校的外语教学还存在许多不足之处，如费时费力、效率低下，还有一些高校学生的整体语言能力偏低，口语交流能力和外语思维能力都比较欠缺。应该结合学校学科特色，建设以学术外语为主体的课程体系，如财经类大学可以开设财经通识英语、财经专门用途英语、财经学术英语、财经专业英语等。大学外语教学国际化还涉及教材、教法、教师队伍、评价体系等。在教材方面，可以引进国外成熟的原版教材、自编双语教材。教法接轨国际教法，教师队伍需要国际化，评价体系应将终结性评价与形成性评价相结合。

9.5 来华留学生教育跨国产业化与全球化

1993 年，中共中央、国务院印发的《中国教育改革和发展纲要》中明确指出，"进一步扩大教育对外开放，加强国家教育交流与合作，扩大留学生规模，实施留学中国计划，支持孔子学院建设"。来华留学生教育是高等教育国际化的重要组成部分，是实现科学化发展、结构优化和提高国际竞争力的现实诉求，应加强教师队伍建设、改革留学生教育课程体系、推行全英文教学、加强留学生教育质量评价、推行来华留学生导师制等，引进国际一流教育资源，包括课程资源、教师资源、培养模式和教育制度等。

外国留学生教育近几年发展迅猛，是我国高等教育国际化的重要组成内容。留学生教育并非单一的人才培养功能，它还具有政治、经济和文化的功能。国际学生的学习与国际政治制度、意识观念、社会风俗、文化传统和生活习惯等密切相关。在适应新环境的过程中，留学生很容易在不知不觉中受到异国文化的影响和熏陶，在潜移默化中接受并认同新的价值观念，从而对所留学国家产生更多的情感，最终把这种倾向性表现在自己的政治立场上。

高等教育规模的扩大及国际化发展有助于更好地发挥高校的社会服务职能，并为其带来更大的社会效益和经济效益。从产业层面上讲，高等教育的国际化通过教育出口或吸引更多留学生来拉动文化产业等相关配套产业从而增加当地收入，同时高素质人才也会促使政府与高校进一步强化和完善产学研机制，促进高等教育与区域经济增长良性互动，使当地产业更加趋于合理化，从而提高当地资源配置效率，拉动其经济增长。

具体来讲，高等教育跨国产业化及国际化，需要在思想上提高认识，对高等教育国际化的发展方向有清晰的认识，并在行动上处理好彼此之间的关系。在具体操作层面，以政府主导为主，各高校协同发展，将跨国教育产业化纳入区域总体规划之中。

9.6 借鉴世界一流大学国际化经验

对于资源丰富、资金充沛的东部"双一流"高校而言，其国际化的道路形式更加多元化。如积极拓展海（境）外合作伙伴，包括各国知名高校及境外世界 500 强公司。在高校合作框架下进行文化交流，邀请知名专家、学者来校讲学，选拔学生对名校进行短期访学并进行学分互换以及暑期赴美工作旅游项目，甚至合作建立孔子学院；与海（境）外公司建立联合培养及实习合作的协议。此外，在海（境）外设立招生代理处，推行各类交换项目如本科 3+1+1 项目、4+1 项目，本科和博士层面的交换生项目，以及学院教师访学项目。

相较于实力雄厚的重点大学广泛合作的模式，中、西部"双一流"高校除了与部分海（境）外高校联合培养学士、硕士的合作项目以及双学位、交换生项目外，更倾向于发挥自己的学科优势，与海（境）外高校甚至公司寻求合作。如工商类大学与英国职业技能鉴定机构达成"国际认证证书"定向培训计划，与英格兰及威尔士特许会计师协会（ICAEW）官方授权认证教学机构 IAS 联合办学开设会计学专业（国际注册会计师 ACA 方向）实验班；理工类大学与韩国工科排名第一的韩国科学技术院（KAIST）达成协议，共同举办电子信息、计算机、汽车、生物等专业的中外合作办学项目；师范类大学与境外国家合作创办"汉语师范学院""孔子学院"等。

日本众多大学都与国外的高等学校签订了双边或多边协议，为学生提供了出国留学的机会。这种合作模式，大大推动了日本国际化项目的发展和实施，促使日本教育朝着国际化方向迈进。近年来，日本高等院校在图书资料、音像教学方面，尤其重视与他国进行教育理论、管理经验等内容的交流，并积极参与、主持和承办一些国际性的学术探讨会。因此，我国高校应借鉴世界名校的人才培养计划、方案及课程体系，实施双语教学，学分互认，共同颁发学位，建立具有国际水平的创新型人才培养制度，并在此基础上，开展师资培训、科学研究等方面的深入合作。

9.7 结合"卡脖子"产业推动一流学科和专业国际化

大国"卡脖子"技术竞争急需国际化一流人才，我国东、中、西部地区具有不同的经济、社会和资源禀赋，因此其"双一流"高校国际化必然具有差异性，应结合东、中、西部地区不同的"卡脖子"产业技术，确定优先国际化的学科和专业。

从东部地区"双一流"高校来看，东部地区拥有"双一流"高校 81 所，在教育部第四轮学科评价中，A 类学科占比为 70.72%。不管是"双一流"高校分布、国际化办学还是高校学科建设水平和人才流动，东部都领先于中、西部地区。因此，东部地区是承担科技创新与发展的"领头羊"，要率先发展，加快推动现代化进程，优先在关键核心领域发展起来，集中力量聚焦集成电路等新工科前沿，解决高速通信集成电路与光子芯片等"卡脖子"技术难题，要充分发挥改革开放先行、创新要素集聚、现代制造领先等方面的优势，提高科技创新能力，培育并壮大高质量发展的动力源，以更高层次的水平参与到国际经济合作和竞争中去，在全国率先培养和建设一批"卡脖子"技术领域一流国际化人才和队伍。

从中部地区"双一流"高校来看，中部地区高等教育内部发展不协调，中部六省之间的高等教育水平还存在不小的差距。中部地区优势产业集聚、产业链条完整，在制造业的集聚和集群化发展上，已经有了一定的基础，出现了一批在国内外都有竞争力和影响力的制造业集群。因此，中部地区应发挥在先进制造业方面的优势，优先推动薄板冲压成型及模具技术、汽车碰撞安全技术、汽车先进设计制造、复杂装备数字化设计、高效高速精密磨削技术等研究领域的国际化发展，提高关键领域自主创新能力，构建与一流大学相适应的高素质人才队伍，打造一批具有国际影响力的学科领军人才及团队，培养一批优秀青年人才，超前储备一批关键核心技术人才。

从西部地区"双一流"高校来看，西部地区的高等教育发展总体来说还是比较薄弱的。西部地区地域辽阔，各地区高等教育发展情况不同，在这些区域中既有高等教育较为发达的地区，如成都、重庆、西安，也有高等教育较为薄弱的地区，如西藏、新疆、云南等边疆省份。因此，西部地区应以电子科技大学、西安交通大学为核心，着力解决电子信息领域"卡脖子"关键核心技术难题，在电子信息、微电子科学与工程、遥感科学与技术等专业优先推动国际化发展，并抓住西部大开发的战略机遇，通过对口支援工作，依托国家公派出国留学设立地方合作项目、西部地区人才培养特别项目等，提高西部地区人才培养的国际化水平。

参考文献

一、中文文献

[1] 白利超. 英国高等教育国际化战略及其举措 [J]. 世界教育信息, 2015, 28 (16): 66-71.

[2] 鲍春艳, 孙伟. 国际化人才培养模式存在的主要问题及对策分析 [J]. 财富时代, 2021, 198 (11): 53-54.

[3] 曹珊. 美国一流大学人才培养模式的共同特征及启示 [J]. 闽南师范大学学报 (哲学社会科学版), 2021, 35 (2): 111-115.

[4] 陈飞宇. "一带一路" 背景下高等教育国际化发展探析 [J]. 山东社会科学, 2019 (7): 128-132.

[5] 陈洛茜. 日本高等教育国际化政策及其启示 [D]. 长沙: 湖南农业大学, 2021.

[6] 陈学飞. 高等教育国际化: 从历史到理论到策略 [J]. 上海高教研究, 1997 (11): 59-63.

[7] 陈衍泰, 陈国宏, 李美娟. 综合评价方法分类及研究进展 [J]. 管理科学学报, 2004 (2): 69-79.

[8] 代芳芳. 高等教育国际化: 从历史到理论到策略 [J]. 传播力研究, 2019, 3 (31): 10-11.

[9] 方红, 周鸿敏. 高等教育国际化的发展特点与趋势 [J]. 江西社会科学, 2007 (2): 215-218.

[10] 甘永涛. 澳大利亚高等教育国际化的历史形态: 起因、发展与未来趋势 [J]. 高等理科教育, 2021 (2): 116-123.

[11] 龚放, 赵曙明. 大学国际化: 高等教育发展趋势 [J]. 高等教育研究, 1987 (4): 29-35.

[12] 郭显光. 熵值法及其在综合评价中的应用 [J]. 财贸研究, 1994

（6）：56-60.

［13］眭依凡.一流教师队伍是一流本科教育建设成效之基础［J］.教育发展研究，2019，39（23）：3.

［14］黄永林.英国高等教育国际化的动因、特点及其启示［J］.国家教育行政学院学报，2006（2）：83-88.

［15］侯淑霞，韩鹏."双一流"建设背景下我国高等教育国际化发展研究［J］.国家教育行政学院学报，2019（8）：46-51.

［16］胡斌，马江.大力推进教育国际化 办好面向世界的重庆高等教育［J］.世界教育信息，2014，27（1）：54-57.

［17］黄婷，肖璐.新时代我国高等教育国际化评价指标体系构建研究［J］.高校教育管理，2022，16（6）：113-124.

［18］蒋吉优."一带一路"背景下职业教育国际化人才培养模式探讨［J］.武汉冶金管理干部学院学报，2021，31（4）：75-78.

［19］金帷，温剑波.如何定义高等教育国际化：寻求一个本土化的概念框架［J］.现代大学教育，2013（3）：5-9，112.

［20］李爱萍.美国"国际教育"：历史、理论与政策［D］.上海：华东师范大学，2005.

［21］李灵莉.我国世界一流大学建设内涵反思：基于现代世界一流大学奠基实践特征的探讨［J］.教育学术月刊，2021（4）：21-28.

［22］李明，高向辉，于畅.高等教育国际化评价指标体系构建与思考：基于L省的实践分析［J］.辽宁大学学报（哲学社会科学版），2020，48（4）：172-179.

［23］李楠.外国企业大学发展研究［D］.上海：华东师范大学，2011.

［24］李天峰，付城.加拿大国际教育战略的动力转换战略转向与经验启示［J］.高教探索，2021（12）：81-88.

［25］李文竞."双一流"建设背景下高校国际化人才培养模式研究：普林斯顿的启示［J］.教育现代化，2020，7（4）：66-67，81.

［26］李秀珍，马万华.韩国高等教育国际化指标体系评述［J］.外国教育研究，2013，40（2）：98-105.

［27］李岩.中国大学国际化内涵及评估指标筛选［J］.高教发展与评估，2013，29（5）：55-62，102-103.

［28］刘佳，张红，左旭乾. 转型发展背景下地方高校国际化人才培养模式探析［J］. 工业技术与职业教育，2022，20（1）：67-70.

［29］刘兰芝. 高等教育的国际化趋势［J］. 学术交流，2002（4）：151-155.

［30］刘丽，戴蓉. 高等教育国际化视野下高校人才培养浅议［J］. 吉林省教育学院学报（上旬），2013，29（2）：64-65.

［31］刘婷婷. 高等教育国际化的内涵与外延［J］. 课程教育研究，2013（19）：12.

［32］刘岩. 高等教育国际化能力概念分析框架的建构［J］. 黑龙江高教研究，2017（5）：10-12.

［33］刘岩，李娜. 高等教育国际化评价指标体系研判：基于9个评价指标体系的比较［J］. 黑龙江高教研究，2020，38（8）：77-83.

［34］陆小兵，王文军，钱小龙. "双一流"战略背景下我国高等教育国际化发展反思［J］. 高校教育管理，2018，12（1）：27-34.

［35］卢盈. 一流大学学术领导力：基本特征、层级扩散与实现策略［J］. 教育发展研究，2021，41（9）：29-36.

［36］马艳，王淙，郭炜. 陕西省高等教育国际化：绩效评价与指标体系构建［J］. 教育现代化，2019（75）：147-151.

［37］孟照海. 高等教育国际化的动因及其反思［J］. 现代教育管理，2009（7）：16-19.

［38］牛华勇，金菁华，宋阳，等. 基于软系统方法论构建教育国际化指标体系［J］. 江苏高教，2018（5）：98-107.

［39］任友群. "双一流"战略下高等教育国际化的未来发展［J］. 中国高等教育，2016（5）：15-17.

［40］单春艳. "一带一路"倡议下推进地方高等教育国际化的战略思考［J］. 黑龙江高教研究，2019，300（4）：24-28.

［41］宋金宁，王金龙. 从大学排行榜指标体系看高等教育国际化［J］. 上海教育评价研究，2017，6（3）：7-10.

［42］苏敏，虞荣安. 中国高等教育国际化的历史渊源与现状分析［J］. 西北工业大学学报（社会科学版），2014，34（2）：84-88.

［43］舒志定. 高等教育国际化的内涵、特征与启示［J］. 外国教育资料，1998（3）：55-59.

［44］孙一，徐晓颖，王蕴，等."一带一路"背景下应用型本科高校国际化人才培养模式研究［J］.吉林工商学院学报，2020，36（1）：118-122，125.

［45］唐轶.欧洲高等教育一体化研究［D］.南京：南京理工大学，2004.

［46］唐滢，丁红卫.我国高等教育国际化：内涵、必然与现实：兼论云南农业大学教育国际化发展［J］.云南农业大学学报（社会科学），2016，10（1）：1-4.

［47］王海涛.基于"四个服务"理念的高校学风建设［J］.沈阳大学学报（社会科学版），2022，24（4）：391-398.

［48］汪旭晖.高等教育国际化的动因与模式：兼论中国大学国际化的路径选择［J］.辽宁教育研究，2007（8）：90-93.

［49］汪永铨.教育大辞典（高等教育卷）［M］.上海：上海教育出版社，1991.

［50］王战军，刘静，王小栋.世界一流大学高地：概念、特征与时代价值［J］.高等教育研究，2021，42（6）：29-37.

［51］魏腊云.对全球化背景下高等教育国际化的哲学反思：高等教育产业化及其价值取向研究［D］.湘潭：湘潭大学，2001.

［52］伍宸，宋永华."双一流"建设背景下高等教育国际化办学价值取向及绩效评价体系建构［J］.中国高教研究，2019（5）：6-12.

［53］吴海燕.国际视野下的高等教育国际化评价指标研究［J］.现代教育管理，2019（1）：124-128.

［54］夏国萍.世界一流大学关键特征与中国路径依赖研究［J］.中国电化教育，2019（9）：74-81，111.

［55］夏俊锁.耶鲁大学国际化战略研究：兼论2005年与2009年国际化框架［J］.高等理科教育，2013（2）：53-58.

［56］夏辽源，曲铁华.我国高等教育国际化"内涵式"发展探析［J］.东北师大学报（哲学社会科学版），2018（2）：154-160.

［57］谢淑海，熊梅.美国国际教育的价值取向与行动路径：基于《美国联邦教育部国际战略（2012—2016年）》的分析［J］.世界教育信息，2014，27（20）：16-20.

［58］谢斯烨."双一流"建设中地方高校研究生教育国际化发展路径

研究［D］. 湘潭：湘潭大学，2021.

　　［59］徐敏. 民国时期现代大学制度的形成与启示［J］. 当代教育论坛（宏观教育研究），2008（10）：30-32.

　　［60］徐颖. 应用型本科高校国际化人才培养模式研究与实践［J］. 就业与保障，2021，289（23）：115-117.

　　［61］阎光才. 回归一流大学建设与治理的常识［J］. 探索与争鸣，2018（6）：41-43.

　　［62］杨婧，吴坚. 日本高等教育国际化的发展与特点［J］. 文教资料，2009（35）：113-115.

　　［63］喻明明. 来华留学生教育管理的若干问题研究：以重庆大学为例［D］. 重庆：重庆大学，2010.

　　［64］于小艳，杜燕锋. 高等教育国际化评价的价值透视［J］. 高教发展与评价，2020，36（2）：36-43，68，111.

　　［65］余咏梅. 阿特巴赫比较高等教育思想研究［D］. 石家庄：河北大学，2009.

　　［66］袁广林. 世界一流大学的本质特征是什么？：兼论本科教育与研究生教育在一流大学中的地位［J］. 研究生教育研究，2022（4）：1-8.

　　［67］张淑芳. 高等教育国际化的内涵及评价体系［J］. 现代经济信息，2014（4）：381-382.

　　［68］张亚群，李慧. 澳大利亚高等教育国际化的发展及启示［J］. 河北师范大学学报（教育科学版），2021，23（6）：57-67.

　　［69］周付军，张应强. 全球化背景下高等教育国际化理念的重新审视［J］. 教育发展研究，2021，41（23）：1-11.

　　［70］赵晓力. 学术自由、大学自治与教授治校［J］. 书城，2003（8）：64-68.

　　［71］周连勇. "双一流"建设背景下高等教育国际化的发展路径探究［J］. 世界教育信息，2018，31（20）：38-42.

　　［72］周跃辉. 习近平关于"双循环"新发展格局重要论述研究［J］. 中共党史研究，2021（2）：14-22.

　　［73］杨会良，王悦欣. 二战后世界高等教育国际化的演进与发展［J］. 河北大学学报（哲学社会科学版），2005（2）：61-64.

二、外文文献

[1] CURRIE J, NEWSON J. Universities and Globalization: Critical Perspective [M]. London: Sage Publications, 1998.

[2] DE WIT H. Internationalization of Higher Education in the United States of America and Europe: A Historical, Comparative, and Conceptual Analysis [M]. Westport, CT: Greenwood Press, 2002.

[3] HAN DE WIT. Internationalization of Higher Edu cation in the United States of America and Europe [M]. London: Greenwood Press, 2002: Introduction.

[4] TURCAN R V, GULIEVA V. University Internationalization and University Autonomy: Toward a theoretical Understanding [J/OL]. https://link. springer.com/chapter/10. 1057/9781137388728_15:215-235.

[5] JOHN L DAVIES. University Strategies for Internationalization in Different Institutional and Cultural Settings: A Conceptual Framework [M] // BLOK P (Eds). Policy and Policy Implementation in Internationalization of Higher Education. Amsterdam: EAIE, 1995.

[6] KNIGHT J. Updating the Definition of Internationalization [J]. International Higher Education, 1996 (33): 2-3.

[7] KNIGHT J. Internationalization remodeled: definitions, rationals and approaches [J]. Journal for Studies in International Education, 2004, 8 (1): 7.

[8] KNIGHT J. Updating the Definition of Internationalization [J]. International Higher Education, 2004 (33): 2-3.

[9] PEREZ-ENCINAS A. A collaborative approach in the internationalisation cycle of higher education institutions [M/OL]//European higher education area:The impact of past and future policies. 2018:107-118. library.open.org.

[10] KNIGHT J. Higher Education in Turmoil [M]. Rotterdam: Sense Publishers, 2008.

[11] LUIJTEN-LUB, QURESHI M I JANJUA S Y, ZAMAN K, et al. Internationalization of Higher Education Institutions: Implementation of DMAIC Cycle [J]. Scientometrics, 2014 (98): 2295-2310.

[12] NEAVE, RUMBLEY L. Internationalization in the Universities of

Spain：Opportunities，Imperatives，and Outcomes［D］. Chestnut Hill，MA：Boston College，2007.

［13］SCHOORMAN CHILDRESS L. Internationalization Plans for Higher Education Institutions［J］. Journal of Studiesin International Education，2000，13（3）：289-309.

［14］TEICHLER U. Internationalisation Challenge for Higher Education in Europe［J］. Tertiary Educationand Management，1999，5（1）：5-22.

［15］WU H T，ZHA Q. A new typology for analyzing the direction of movement in higher education internationalization［J］. Journal of Studies in International Education，2018，22（3）：259-277.

［16］JENSEN TRINE GIORGIO MARINONI，HILLIGJE VAN LAND. Higher Education［J］. Scient metrics，2014（98）：2295-2310.

三、网络文献

［1］360百科. 欧洲宗教改革［EB/OL］. https://baike.so.com/doc/5883034-6095912.html.

［2］360百科. 联合国教科文组织教育丛书：教育——财富蕴藏其中［M/OL］.https://baike.so.com/doc/7136002-7359395.html.

［3］360百科. 三十年战争史［EB/OL］.https://baike.so.com/doc/9599711-9945190.html.

［4］巴中在线. 中科院列出的35项"卡脖子"技术，至少已经突破21项［EB/OL］.http://www.cnbzol.com/auto/dongtai/2023/0711/1941039.html.

［5］百度百科. 北京外国语大学［EB/OL］.https://baike.baidu.com.

［6］百度百科. 对外经济贸易大学［EB/OL］.https://baike.baidu.com.

［7］百度百科. 上海财经大学［EB/OL］.https://baike.baidu.com.

［8］百度百科. 上海外国语大学［EB/OL］.https://baike.baidu.com.

［9］百度百科. 西交利物浦大学［EB/OL］.https://baike.baidu.com.

［9］百度百科. 西南财经大学［EB/OL］.https://baike.baidu.com.

［10］百度百科. 中南财经政法大学［EB/OL］.https://baike.baidu.com.

［11］百科. 博洛尼亚宣言［EB/OL］.https://baike.so.com/doc/145095-153333.html.

［12］北京航空航天大学. 北航概况［EB/OL］.https://www.buaa.edu.

cn/bhgk/jrbh.htm.

［13］北京航空航天大学国际合作部港澳台办公室. 北航全球校园
［EB/OL］.https：//global.buaa.edu.cn/yhjh.htm.

［14］北京航空航天大学国际合作部港澳台办公室. 港澳台合作伙伴院
校［EB/OL］.https：//global.buaa.edu.cn/gat/jz/gathzhbyx.htm.

［15］北京航空航天大学国际合作部港澳台办公室. 港澳台特色交流项
目［EB/OL］.https：//global.buaa.edu.cn/gat/jlhz/gattsjlxm.htm.

［16］北京航空航天大学国际合作部港澳台办公室. 国际组织实习项目
［EB/OL］.https：//global.buaa.edu.cn/qqhz/gjzzydxlm.htm.

［17］北京航空航天大学国际合作部港澳台办公室. 国际组织与大学联
盟［EB/OL］.https：//global.buaa.edu.cn/qqhz/gjzzydxlm.htm.

［18］北京航空航天大学国际合作部港澳台办公室. 双学位联合培养项
目［EB/OL］.https：//global.buaa.edu.cn/yhjh/sxwlhpyxm.htm.

［19］北京航空航天大学国际合作部港澳台办公室. 中法工程师学院
［EB/OL］.https：//global.buaa.edu.cn/info/1243/2418. htm.

［20］北京航空航天大学国际合作部港澳台办公室. 中法航空学院
［EB/OL］.http：//global.buaa.edu.cn/info/1243/2416. htm.

［21］北京航空航天大学国际合作部港澳台办公室. 学生交换项目
［EB/OL］.https：//global.buaa.edu.cn/yhjh/xsjhxm.htm.

［22］北京航空航天大学国际合作部港澳台办公室. 学生交流项目
［EB/OL］.https：//global.buaa.edu.cn/yhjh/xsjlxm.htm.

［23］反面教员. 遭美国制裁的 14 所中国大学，每一所都值得报考，
西北工业大学上榜［EB/OL］. https：//learning. sohu. com/a/632152001_
120131454.

［24］高考100. 天津大学什么档次？天津大学为什么被美国制裁？
［EB/OL］.https：//www.gk100. com/read_11763. htm.

［25］中共中央组织部. 中共中央关于认真学习宣传贯彻党的二十大精
神的决定［EB/OL］.https：//www.12371. cn/2022/10/30/ARTI1667128006568
362. shtml.

［26］韩洁，吴雨，侯雪静，等. 向第二个百年奋斗目标进军的行动指
南：解读《中共中央关于制定国民经济和社会发展第十四个五年规划和二
〇三五年远景目标的建议》［EB/OL］.http：//cpc.people.com.cn/GB/http：/

cpc.people.com.cn/n1/2020/1104/c419242-31917784.html.

[27] 胡浩,王思北.向中国特色世界一流大学迈进:习近平总书记在清华大学考察时的重要讲话激励高校师生砥砺奋进[EB/OL].http://politics.people.com.cn/n1/2021/0420/c1024-32082068.html.

[28] 江西省教育考试院.2022—2023学年西交利物浦大学本科招生说明会(江西南昌)[EB/OL].http://www.jxeea.cn/art/2022/11/9/art_26 679_4212870.html.

[29] 梁建章,任泽平,黄文政,等.中国教育和人口报告2023版(高等教育和留学篇)[EB/OL].https://new.qq.com/rain/a/20230217A019OS00.

[30] 刘亚东.除了那些核心技术,我们还缺什么[EB/OL].http://www.stdaily.com/index/kejixinwen/2018-06/22/content_683428.shtml.

[31] 昵称2530266.高科技垄断的利润,仅3元的东西可以5 000元卖给你[EB/OL].http://www.360doc.com/content/15/1123/08/2530266_515 157512.shtml.

[32] 人民日报.思想纵横:更加注重原始创新[N/OL].http://opinion.people.com.cn/n1/2020/1027/c1003-31906869.html.

[33] 国务院办公厅.国务院印发《统筹推进世界一流大学和一流学科建设总体方案》[EB/OL].http://politics.people.com.cn/n/2015/1106/c10 01-27783012.html.

[34] 上海财经大学国际交流与合作处及港澳台办公室.合作概况[EB/OL].https://ieco.sufe.edu.cn/1256/list.htm.

[35] 天津大学.国际工程师学院[EB/OL].http://www.tju.edu.cn/gjjl/hzbx/gjgcsxy.htm.

[36] 天津大学.国际交流[EB/OL].http://www.tju.edu.cn/gjjl.htm.

[37] 天津大学.国际科研合作[EB/OL].http://www.tju.edu.cn/gjjl/gjkyhz.htm.

[38] 天津大学.化工学院认证[EB/OL].http://www.tju.edu.cn/gjjl/gjrz/hgxyrz.htm.

[39] 天津大学.奖学金[EB/OL].http://www.tju.edu.cn/gjjl/lxspy/jxj.htm.

[40] 天津大学.经管学部认证[EB/OL].http://www.tju.edu.cn/gjjl/gjrz/jgxbrz.htm.

［41］天津大学. 孔子学院［EB/OL］. http：//www.tju.edu.cn/gjjl/kzxy.htm.

［42］天津大学. 天津大学—新加坡国立大学福州联合学院［EB/OL］. http：//www.tju.edu.cn/gjjl/hzbx/tjdx__xjpgldxfzlhxy.htm.

［43］天津大学. 天津大学与法国波尔多国立高等建筑景观学院合作项目［EB/OL］. http：//www.tju.edu.cn/gjjl/hzbx/tjdxyfgbedglgdjzjgxyhzxm.htm.

［44］天津大学. 佐治亚理工［EB/OL］. http：//www.tju.edu.cn/gjjl/hzbx/zzylg.htm.

［45］天津大学国际合作与交流处. 国家公派项目［EB/OL］. http：//ico.tju.edu.cn/xsxm/gjgp.

［46］天津大学国际合作与交流处. 联合培养项目［EB/OL］. http：//ico.tju.edu.cn/xsxm/xjlhpy/202208/t20220816_322472.html.

［47］天津大学国际合作与交流处. 学分类项目［EB/OL］. http：//www.tju.edu.cn/gjjl/hwfx/xflxm.htm.

［48］我会报志愿. "211 工程"和"985 工程"详解：中国高等教育腾飞史［EB/OL］. https：//baijiahao.baidu.com/s？id＝1646480021828706912&wfr＝spider&for＝pc.

［49］习近平. 决胜全面建成小康社会 夺取新时代中国特色社会主义伟大胜利［R/OL］. http：//language.chinadaily.com.cn/19thcpcnationalcongress/2017-11/06/content_34188086.htm.

［50］学校大全网. 展望 2020 前后的中国教育国际化［EB/OL］. http：//www.guojixuexiao.net/ischool/gjnews/2019-04-28/4192.html.

［51］共青团中央办公厅. 团中央传达学习习近平在北京大学师生座谈会上的重要讲话［EB/OL］. http：//dangjian.people.com.cn/n1/2018/0504/c415590-29965143.html.

［52］聚焦：真香！2019 年中国外贸成绩没有让我们失望［R/OL］. https：//www.sohu.com/a/367080645_731021.

［53］中华人民共和国教育部. 教育部关于印发《推进共建"一带一路"教育行动》的通知［EB/OL］. http：//www.moe.gov.cn/srcsite/A20/s7068/201608/t20160811_274679.html.

［54］中华人民共和国教育部. 肖国安代表：全面贯彻党的教育方针培养合格接班人［EB/OL］. http：//www.moe.gov.cn/jyb_xwfb/moe_2082/zl_

2017n/2017_zl58/201710/t20171023_317150. html.

[55] 中华人民共和国教育部. "双一流"建设高校名单[EB/OL].http://www.moe.gov.cn/s78/A22/A22_ztzl/ztzl_tjsylpt/sylpt_jsgx/201712/t20171206_320667. html? authkey=pbi1i3.

[56] 中华人民共和国教育部. 从根本上解决教育评价指挥棒问题：五论学习贯彻习近平总书记全国教育大会重要讲话精神[EB/OL].http://www.moe.gov.cn/jyb_xwfb/xw_zt/moe_357/jyzt_2018n/2018_zt19/zt1819_gd/mtpl/201809/t20180917_348987. html.

[57] 中华人民共和国教育部. 教育部办公厅关于实施一流本科专业建设"双万计划"的通知[EB/OL].http://www.moe.gov.cn/srcsite/A08/s7056/201904/t20190409_377216. html.

[58] 中华人民共和国教育部. 教育部等八部门印发《关于加快和扩大新时代教育对外开放的意见》[EB/OL].http://www.moe.gov.cn/jyb_xwfb/s5147/202006/t20200623_467784. html.

[59] 中华人民共和国中央人民政府. 国家中长期教育改革和发展规划纲要（2010—2020）[R/OL].https://www.gov.cn/jrzg/2010-07/29/content_1667143. htm.

[60] 中华人民共和国中央人民政府. 中共中央办公厅、国务院办公厅印发《关于做好新时期教育对外开放工作的若干意见》[R/OL].https://www.gov.cn/xinwen/2016-04/29/content_5069311. htm.

[61] 中南财经政法大学国际教育学院. 学院简介[EB/OL].http://ies.zel.edu.cn/757/list.htm.

附　录

附录1　"双一流"建设背景下高等教育国际化现状调查问卷

本问卷运用五级量表调查不同高校的管理层、教师和学生对"双一流"建设背景下高等教育国际化现状的满意度。1、2、3、4、5分别表示"很不满意""不满意""中立""较满意""很满意"。感谢您的参与!

1. 您就读或者工作的大学的类型（单选题）
○"双一流"高校
○地方公办高校
○地方私立高校

2. 您的性别（单选题）
○男　○女

3. 您的年龄段（单选题）
○18岁以下　　　○18~25岁　　　○26~30岁　　　○31~40岁
○41~50岁　　　○51~60岁　　　○60岁以上

4. 您目前从事的职业（单选题）
○全日制学生
○行政/后勤人员
○管理人员
○教师
○其他

5. 您对学校关于国际化办学的战略及相应规划的满意度（单选题）
○1　　　○2　　　○3　　　○4　　　○5

6. 您对学校层面有关国际化办学的理念的满意度（单选题）

○1　　○2　　○3　　○4　　○5

7. 您对学校国际性校园文化建设项目的满意度（单选题）

○1　　○2　　○3　　○4　　○5

8. 您对学校、学院及学科推进国际化工作的相关制度的满意度（单选题）

○1　　○2　　○3　　○4　　○5

9. 您对学校、学院及学科推进国际化工作的基础设施的满意度（单选题）

○1　　○2　　○3　　○4　　○5

10. 您对学校、学院及学科推进国际化工作的财政资助、经费和预算的满意度（单选题）

○1　　○2　　○3　　○4　　○5

11. 您对学校、学院及学科推进国际化工作的组织机构建设情况的满意度（单选题）

○1　　○2　　○3　　○4　　○5

12. 您对学校国际文化交流学院或海（境）外教育学院的满意度（单选题）

○1　　○2　　○3　　○4　　○5

13. 您对学校在境外设立相关国际化管理或办事机构的满意度（单选题）

○1　　○2　　○3　　○4　　○5

14. 您对学校校级专职外事管理人员的满意度（单选题）

○1　　○2　　○3　　○4　　○5

15. 您对学校设置外事人员的院系比例的满意度（单选题）

○1　　○2　　○3　　○4　　○5

16. 您对学校聘用海（境）外教师和研究人员的满意度（单选题）

○1　　○2　　○3　　○4　　○5

17. 您对学校邀请国外知名学者来校讲学的满意度（单选题）

○1　　○2　　○3　　○4　　○5

18. 您对学校在国外拿到高级学位归国的教师的满意度（单选题）

○1　　○2　　○3　　○4　　○5

19. 您对学校在国外进修、访学、工作归国的教师的满意度（单选题）

○1　　○2　　○3　　○4　　○5

20. 您对留学生数量占在校生比例的满意度（单选题）

○1　　○2　　○3　　○4　　○5

21. 您对留学生层次的满意度（单选题）

○1　　○2　　○3　　○4　　○5

22. 您对留学生来源国情况的满意度（单选题）

○1　　○2　　○3　　○4　　○5

23. 您对与国外高校互换学生人数占在校生比例的满意度（单选题）

○1　　○2　　○3　　○4　　○5

24. 您对本校毕业生在境外升学数量及比例的满意度（单选题）

○1　　○2　　○3　　○4　　○5

25. 您对本校毕业生在境外就业数量及比例的满意度（单选题）

○1　　○2　　○3　　○4　　○5

26. 您对外语课程的数量与外语种类的满意度（单选题）

○1　　○2　　○3　　○4　　○5

27. 您对开设双语教学课程的满意度（单选题）

○1　　○2　　○3　　○4　　○5

28. 您对跨境合作开办课程的满意度（单选题）

○1　　○2　　○3　　○4　　○5

29. 您对使用境外原版教材的满意度（单选题）

○1　　○2　　○3　　○4　　○5

30. 您对境外高水平课程的引进数量的满意度（单选题）

○1　　○2　　○3　　○4　　○5

31. 您对接受境外人员的合作研究的满意度（单选题）

○1　　○2　　○3　　○4　　○5

32. 您对派遣到境外开展的合作研究的满意度（单选题）

○1　　○2　　○3　　○4　　○5

33. 您对国际学术期刊发表论文数量的满意度（单选题）

○1　　○2　　○3　　○4　　○5

34. 您对国际书籍出版数量的满意度（单选题）

○1　　○2　　○3　　○4　　○5

35. 您对国际学术奖项数量的满意度（单选题）

○1　　○2　　○3　　○4　　○5

36. 您对主办或承办国际学术会议的满意度（单选题）

○1   ○2   ○3   ○4   ○5

37. 您对参加国际学术会议的满意度（单选题）

○1   ○2   ○3   ○4   ○5

38. 您对在世界各主要大学或学科排行榜上的表现的满意度（单选题）

○1   ○2   ○3   ○4   ○5

39. 您对引入境外资源合作办学（在境内实施教学的全过程，所招学生在境内读完所有课程，便可获得境外合作大学颁发的学位和资格证书）的满意度（单选题）

○1   ○2   ○3   ○4   ○5

40. 您对开展境外合作办学（学生在境内读完部分课程后，转入境外合作大学继续就读，学生读完规定的课程并取得合格的成绩，便可获得本国及境外大学颁发的学位和资格证书）的满意度（单选题）

○1   ○2   ○3   ○4   ○5

附录2 国内外常见的大学国际化评估指标体系

附录2.1 经合组织高等教育机构管理委员会（IMHE/OECD）大学国际化评估指标体系（附表2.1）

附表2.1 经合组织高等教育机构管理委员会（IMHE/OECD）大学国际化评估指标体系

一级指标	二级指标
1. 背景分析	1.1 所在国高等教育系统简况以及本校在本国高等教育系统中的地位
	1.2 大学自身背景信息：建校年份、本科生与研究生招生人数、教职员工人数、大学的使命、实施国际化举措的历史
	1.3 结合本国、本地区大学国际化的背景和策略分析本大学国际化的优势、劣势、机会及挑战（SWOT）
2. 国际化政策与策略	2.1 国际化政策及实施的策略
	2.2 国际化策略在学校总体发展策略中的价值体现
3. 组织与架构	3.1 负责制定国际化战略/策略的办公室/部门
	3.2 负责执行国际化工作的部门
	3.3 学校国际化相关部门之间的报告、联络和沟通机制
	3.1 负责制定国际化战略/策略的办公室/部门
	3.2 负责执行国际化工作的部门
4. 规划与评估	4.1 国际化如何融入全校层面及院系层面的发展规划
	4.2 评估国际化举措的系统
5. 资金支持及资源配置	5.1 校内外对于实施国际化的资金支持
	5.2 学校对于实施国际化战略资源配置的机制（学校层面及院系层面）
6. 支持服务和设施	6.1 支持国际化相关活动的特定服务和基础设施
	6.2 全校服务部门提供的支持
	6.3 学校的设施（例如图书馆）及校园内课外活动在何种程度上包含了国际化或跨文化的范畴

一级指标	二级指标
7. 学术项目及学生	7.1 课程国际化
	7.2 国内学生国际化
	7.3 国际学生
	7.4 学生海（境）外学习及交换项目
	7.5 研究及学者合作
8. 人力资源管理	8.1 有无将学术人员及行政管理人员纳入国际化相关活动中的机制
	8.2 有无鼓励校园出现更多外国学术人员及行政管理人员的机制
	8.3 访问学者的研究及教学如何组织、他们与本校课程的融合度如何
	8.4 有从海（境）外招聘教师吗？效果如何
	8.5 对于有国际学习或工作经历的教职员工的选拔和招募的程序如何
	8.6 招聘教职员工时有无考虑其国际教育经历
	8.7 有何种机制来确保和激励教职员工掌握国际课程教学所必备的知识和技能
	8.8 有无保证教职员工通过其国际教学/研究/发展经历来晋升及晋级为终身教授的机制
9. 合同与服务	9.1 合作协议
	9.2 国外教育项目
	9.3 发展与支持合同
	9.4 对外服务相关合同

附录 2.2　美国教育理事会国际化与全球参与中心（ACE-CIGE）全美校园国际化调查及全面国际化模型指标体系（附表 2.2）

附表 2.2　美国教育理事会国际化与全球参与中心（ACE-CIGE）全美校园国际化调查及全面国际化模型指标体系

一级指标观测点	二级指标观测点
1. 表述明确的国际化承诺	1.1 战略规划
	1.2 国际化工作委员会
	1.3 学校利益相关者
	1.4 评价
2. 组织结构及职员	2.1 高层管理者
	2.2 国际办公室（处、部）
3. 课程、联合课程及学习成果	3.1 总体要求
	3.2 各学科国际化的课程
	3.3 联合课程
	3.4 学生的学习成果
	3.5 技术
4. 教师政策及实践措施	4.1 终身教授制及晋升政策
	4.2 师资聘用相关政策
	4.3 师资流动
	4.4 校内职业/专业发展
5. 学生流动	5.1 学分转换政策
	5.2 财政资助及经费
	5.3 新生介绍会及入学指导活动
	5.4 对国际学生的持续性支持项目
6. 合作及伙伴关系	6.1 战略计划
	6.2 合作伙伴的选择
	6.3 正式签署的协议
	6.4 评价
	6.5 与合作伙伴签署协议的执行情况追踪

附录2.3 日本大学评价和学位授予机构（NIAD-UE）院校可选式评估：教育国际化指标体系（附表2.3）

附表2.3 日本大学评价和学位授予机构（NIAD-UE）
院校可选式评估：教育国际化指标体系

一级指标	二级指标
1. 国际化教育外部条件	1.1 国际化的教学内容，是否有外语授课以及国际通用的课程等
	1.2 符合国际化要求的人力资源以及机构的设立，如是否具有国际办公室、国际师资等
2. 留学生的有关情况	2.1 在本校的留学生人数
	2.2 专门针对留学生的课程、师资等
	2.3 涉及留学生的特殊服务，为留学生提供必要的支持等
	2.4 有关招录留学生的相关宣传
3. 本国学生出国留学情况	3.1 出国留学的学生人数
	3.2 如何安排课程，怎样实施教学以及师资团队的水平
	3.3 是否为出国留学的学生给予了主要的帮助
	3.4 是否给本国学生提供留学机会？做了哪些信息宣传以及辅助

附录 2.4　澳大利亚大学质量署/高等教育质量与标准署（AUQA//TEQSA）国际化主题审核指标体系（附表 2.4）

附表 2.4　澳大利亚大学质量署/高等教育质量与标准署（AUQA//TEQSA）
国际化主题审核指标体系

一级指标	二级指标
1. 国际化概念	1.1 国际化的规划，如使用的策略、需要达到的目标等
	1.2 在财务、名誉等方面的风险承担以及控制机制
2. 质量水平	2.1 学位是否获得国家及国际认证
	2.2 师资的力量，教师是否具有国际化教学、跨文化教学等培训经历或者教学经验
3. 课程设置	3.1 是否设置了国际化的课程
	3.2 是否具有国际化的教材以及适用于本国学生的课程教材
	3.3 是否具有翻译课程和评价资料，比如在使用本国语言教课时
	3.4 教师和学生是否具有全英文上课的英语水平
	3.5 用于开课的信息系统是否能满足需求
	3.6 是否能公平对待本国的学生以及国际学生，对其使用统一的评价标准
	3.7 是否为本国的学生以及国际学生提供一个信守学术诚信的环境以及公开透明的条件
4. 合作伙伴/跨国教育	4.1 是否有充分的规范和协议确保学校和合作高校之间的利益
	4.2 是否划分好本校与合作高校之间的责任，如学生、教师、教材、课程等
	4.3 是否根据具体的规范条例对本校和合作的高校进行内部审核，同时积极配合本国以及合作高校的质检机构进行外部考核
	4.4 是否使用扩大影响力以及宣传的方式
	4.5 是否有为学生提供支持与方便的政策
	4.6 是否具有国际教育的质量、方式、规模等，例如网络教学、面对面授课、混合教学等

一级指标	二级指标
5. 本土项目/专业/课程	5.1 是否具有进一步推广以及中介管理的政策
	5.2 是否具有符合 ESOS 程序的规定
	5.3 是否能够充分满足学生的需求
6. 学生流动	6.1 是否为学生的流动提供条件
	6.2 是否实现国内学生的学业和海（境）外保持一致
7. 海（境）外校友会	7.1 是否为校友的发展提供条件以及对校友的期望
	7.2 在国内外所办的校友会是否完全满足法律规章的规定
	7.3 是否具有校友会办公室

附录 2.5 澳大利亚大学质量署（AUQA）国际活动审核指标体系（附表 2.5）

附表 2.5 澳大利亚大学质量署（AUQA）国际活动审核指标体系

一级指标	二级指标
1. 途径/动因	1.1 战略及国际计划，包括财务计划
	1.2 设定目标、管理收入和声誉风险的机制
2. 质量保障	2.1 国家和国际学位课程认证要求
	2.2 为工作人员提供适当的学术和跨文化培训和支持，以便与来自不同文化背景的学生（国内和国外）互动
3. 课程	3.1 课程国际化
	3.2 澳大利亚和国际学生课程材料的设计与开发
	3.3 课程和评估材料的翻译方法
	3.4 学生及教职员工适当的英语语言能力，以提供课程内容
	3.5 提供课程内容的机构信息系统
	3.6 澳大利亚和国际学生（在岸和离岸，不论模式）的一致评估方法和标准
	3.7 制定透明的政策和程序，教育和确保澳大利亚和国际学生遵守学术诚信标准（在岸和离岸，不论模式）
4. 合作伙伴/跨国教育	4.1 促进大学与所有伙伴机构或大学"代理人"之间的全面合同协议
	4.2 就学生、教职员工、课程材料和评估（包括学生和工作人员交流）等方面的大学和伙伴机构的责任发表声明
	4.3 对大学及伙伴机构开展内部评审及接受澳大利亚或伙伴高校所在国相关质量保障机构外部评审/审核的协议和具体规定
	4.4 营销和推广政策
	4.5 学生支援服务政策及程序
	4.6 跨国教育模式的范围和性质，如直接教学、许可、在线、校园、混合
5. 在岸课程	5.1 代理管理和营销政策
	5.2 确保遵守 ESOS 的程序
	5.3 学生服务水平

一级指标	二级指标
6. 学生流动	6.1 鼓励学生流动的政策
	6.2 学生本土和离岸学习整合的程序
7. 海（境）外校友会	7.1 对校友的支持和期望
	7.2 对国内法律要求、行为守则的理解
	7.3 校友会办公室

附录 2.6 韩国教育开发院高等教育国际化指标体系（2008）（附表 2.6）

附表 2.6 韩国教育开发院高等教育国际化指标体系（2008）

评价领域	评价项目	指标	权重/%	
			教学型	科研型
1. 目标、战略及实施计划	1.1 制定策略的有效性	1.1.1 在高校层面是否确立了国际化目标与发展战略，并且此内容与高校的使命特征及政策方向是否符合	5	4
	1.2 实施计划的系统性	1.2.1 短期、中期、长期目标计划是否具有可行性，是否与国际化战略目标有阶段联系	5	4
		1.2.2 是否具备了实施具体方案的财政计划		
2. 组织与预算	2.1 组织	2.1.1 是否存在实行国际化的相关组织，以及任务分工是否合适	10	8
		2.1.2 为达到国际化的目标是否具备和准备了充足的优秀人力资源		
	2.2 预算	2.2.1 是否进行了与实行计划相符合的预算规划	5	4
		2.2.2 国际化分配的预算与国际化项目之间的预算在学校整体预算中的比例是否合理		
3. 基础设施	3.1 信息体系	3.1.1 在网站上是否有留学生入学、生活与就业的内容，并定期更新	15	3
		3.1.2 学校是否为国内学生提供了充分的国际化有关信息		
	3.2 保障体系	3.2.1 住宿保障：给外国留学人员的宿舍分配率	16	13
		3.2.2 韩国语教学保障		
		3.2.3 学习保障		
		3.2.4 其他适应和生活保障		
	3.3 网络	3.3.1 合作学校的利率	5	4
		3.3.2 国际交流网络的利用率		

评价领域	评价项目	指标	权重/%	
			教学型	科研型
4. 教学	4.1 教学课程	4.1.1 用外语进行讲座的比率	15	10
		4.1.2 与外语学习能力有关讲座的比率		
		4.1.3 国际化有关讲座的比率		
		4.1.4 韩国学者讲座的比率		
	4.2 合作双学位项目	4.2.1 双学位获得者的比率	10	3
		4.2.2 共同学位获得者的比率		
	4.3 非正规学习项目	海（境）外实习参与学生的比率	4	2
5. 人员的构成与交流	5.1 学生	5.1.1 外国学生的比率（本科生/研究生）	16	13
		5.1.2 参与交换项目的国内学生的比率		
		5.1.3 外国学生国籍的多样性		
	5.2 教师	外籍教师所占的比率	5	4
6. 科研	6.1 科研成果	6.1.1 教师在 SCI 发表的论文平均数	–	20
		6.1.2 海（境）外论文被引用数量		
		6.1.3 教师参与国际学术会议及在国际会议上发表论文的平均数量		
	6.2 科研交流	6.2.1 国际合作科研成果数量	–	8
		6.2.28 海（境）外申请的研究数与研究经费		
		6.2.3 教师交流情况		

附录 2.7　中国国际教育交流协会—上海交大高等研究院中国重点高校国际化评估指标体系（附表 2.7）

附表 2.7　中国国际教育交流协会—上海交大高等研究院
中国重点高校国际化评估指标体系

指标类别	主要观测点
1. 教师国际化	1.1 专任教师中外籍教师数以及其中非语言类教师数
	1.2 专任教师的海（境）外经历［包括具有海（境）外博士学位、一年以上海（境）外学习与工作经历等］
	1.3 专任教师的海（境）外影响力（包括在国际学术性学会、学术刊物担任职务等）
2. 学生国际化	2.1 学历和非学历外国留学生的人数
	2.2 学历和非学历港澳台学生的人数
3. 教学国际化	3.1 外语类课程（如英语、日语、德语等）数
	3.2 使用全外语授课的课程（不含外语类课程）数
	3.3 使用全外语授课的学科专业数
4. 科研国际化	4.1 海（境）外或国际组织资助的科研项目数及经费
	4.2 海（境）外出版的学术论文、学术著作和申请专利数
	4.3 国际合作科研机构数
5. 国际交流与合作	5.1 教师、学生短期出国交流情况
	5.2 学生在海（境）外修读学分情况
	5.3 海（境）外学者短期来华（大陆、内地）交流情况
	5.4 学校组织国际会议、校级领导接待海（境）外来访团组情况
	5.5 校级国际合作协议数
	5.6 中外合作办学机构与项目及其在读学生情况
	5.7 双学位项目及其在读学生情况
	5.8 学生取得海（境）外学位情况
6. 组织与管理国际化	6.1 国际化发展规划的制定情况
	6.2 国际化专门机构和专职人员的情况
	6.3 与国际化有关的经费情况

附录 2.8　中国国际教育交流协会中国大学国际化指标评估体系（2016）（附表 2.8）

附表 2.8　中国国际教育交流协会中国大学国际化指标评估体系（2016）

一级指标	二级指标观测点
1. 国际化发展战略与定位	1.1 学校发展规划中是否体现出落实《关于做好新时期教育对外开放工作的若干意见》
	1.2 学校是否制定了国际化战略
2. 组织与管理	2.1 组织机构（国际化领导小组、工作机制、校院系外事管理队伍）
	2.2 规章制度（外事相关）
	2.3 经费［年度外事经费预算、留学生奖学金、或海（境）外或国际组织资助的科研经费、外籍与港澳台教师聘用经费］
3. 教师	3.1 专任教师结构（外籍、港澳台教师占比）
	3.2 专任教师的海（境）外经历与国际参与度［有海（境）外博士学位，有一年以上海（境）外学习、工作经历，在国际组织、学术性协会、学术刊物担任职务，入选"千人计划"、被海（境）外高校授予名誉学衔、外籍院士人数］
4. 学生	4.1 出国留学生［毕业生出国留学人数、在校生海（境）外修读学分、短期出国（境）学习（不修学分）、游学、参加会议或竞赛的人数］
	4.2 来华留学生和港澳台学生（学历生、非学历生占比）
5. 学科与课程	5.1 学科专业（使用外语授课的非外语类学科专业数、经国外或国际认证组织认证的专业）
	5.2 课程（外语类课程开设门数、学时数、使用外语授课的非外语类课程门数、学时数）
6. 涉外办学	6.1 中外合作办学（教育部审批的机构、项目数；机构、项目中学生人数、外方教师占比；教学评价与反馈机制）
	6.2 境外办学（教育部审批的非语言类机构、项目数；国外孔子学院、孔子课程数；授予汉语学位办学项目）

一级指标	二级指标观测点
7. 学术 交流与合作	7.1 学术交流〔专任教师短期出国研修、访学、参加国际会议与合作交流的人次、海（境）外学者来华(大陆、内地)短期讲学与合作研究的人数、校级领导接待海（境）外来访团组次数〕
	7.2 国际学术会议与合作〔主办或承办国际会议次数、获得海（境）外或国际组织资助的科研项目数、与"一带一路"沿线国家国际合作项目数、与海（境）外联合建立的联合实验室、国际联合研究中心或研发机构总数、建设人文学术交流的国际智库以及国别和区域研究（中心）基地的数量、在国外出版社出版的学术著作数及被国外专利机构授权的专利数〕
	7.3 评价与激励机制（教师评价、科研评价中是否体现了对国际交流合作背景和经验的重视）
8. 人文交流 与特色发展	8.1 人文交流〔是否参与国家层面中外人文交流机制、是否开展与发展中国家和周边国家的交流合作，接受"一带一路"沿线国家学生来华学习或研修、是否参与国际教育援助，建设教育援外基地等〕
	8.2 特色发展〔来华（大陆、内地）杰出人才培养、非通用语种人才及国际组织人才培养、国际重大科学计划和科学工程、全球教育治理、国际规则和标准制定、讲好"中国故事"，宣传中国职业教育，发布重要信息，建设外文网站和丰富的外文图书资料等〕

附录 2.9　艾瑞深中国校友网大学国际化评估指标体系（2015）（附表 2.9）

附表 2.9　艾瑞深中国校友网大学国际化评估指标体系（2015）

指标项	指标体系内涵
1. 国际化师资	涉及国际化师资的主要有获诺贝尔奖、菲尔兹奖、邵逸夫奖、阿贝尔奖等具有国际性质奖励的教师，在被赋予的院士方面有美国、法国、英国、加拿大、俄罗斯和发展中国家等国的院士资格，参与到国家"千人计划"的入选人，属于"长江学者"的讲座教授以及属于中国科学院"百人计划"的学者等
2. 国际性校友（学生）	具有美国、法国、英国、加拿大、俄罗斯和发展中国家等科学院和工程院院士资格，属于"长江学者"特聘的教授或讲座教授以及其创新的领头人，获得过国家"杰出青年"基金等来自海（境）外的校友；获得过具有国际性质的奖项，如诺贝尔奖、菲尔兹奖等；登榜了《财富》世界 500 强的董事长、总经理等富豪排行榜
3. 国际化办学	具有国家建设的公派研究项目、经过教育部同意的中外合作办学项目、达到国家级水平的双语教学课程、来自国际的留学生的比例、获得的中国政府的奖励金等
4. 国际化科研成果	获得了具有世界性质的奖项，如诺贝尔奖、菲尔兹奖、沃尔夫奖、邵逸夫奖、阿贝尔奖等；撰写的论文在 ESI 国际高被引学术论文、《自然》（*Nature*）、《科学》（*Science*）和《细胞》（*CELL*）等学术杂志上被采用或者刊登过，被中国科学技术信息研究所选中，入选中国最具有代表性的百篇学术论文等
5. 国际性创新基地	属于国际科研项目的基地，如国际创新园、国际联合研究中心等；属于由教育部主办项目的基地，如国际联合实验室、国际三大索引公司等
6. 国际影响力	在具有世界权威的排行榜上具有评价结果，即英国《泰晤士报》、QS 和 U. S. News，来自国际的时任外国元首或者是政府首脑的访问

附录 2.10 广东省高等教育国际化评价指标体系（试行）（2016）（附表 2.10）

附表 2.10 广东省高等教育国际化评价指标体系（试行）（2016）

一级指标 （权重）	二级指标 （权重）	三级指标	选择打"√"	填写数据， 如有需要， 可简要描述
1. 理念 与战略 /15%	1.1 办学理念 /5%	1.1.1 学校在办学定位中突出强调了国际化办学理念	是（　）否（　）	
		1.1.2 学校在全校范围内有意识地营造国际化氛围	是（　）否（　）	
		1.1.3 学校师生员工对国际化普遍持理解、支持和参与的态度	是（　）否（　）	
	1.2 战略规划 /5%	1.2.1 在学校的战略规划中，国际化是重点考虑的因素之一	是（　）否（　）	
		1.2.2 学校制定了校级层面的国际化发展战略	是（　）否（　）	
		1.2.3 学校就国际化发展战略制订了中长期规划和实施方案	是（　）否（　）	
		1.2.4 学校对过去 3~5 年的国际化现状进行了正式的评估	是（　）否（　）	
	1.3 重视度 /5%	1.3.1 学校的国际交流与合作工作由校长亲自负责	是（　）否（　）	
		1.3.2 学校在人员编制和职数上对国际（外事）处给予充分的重视与支持	是（　）否（　）	
		1.3.3 学校每 1~2 年召开 1 次全校外事工作会议	是（　）否（　）	
		1.3.4 学校与国（境）外大学每年签署的实质性校级合作协议数		（　）
		1.3.5 学校对各院系在国际化方面提出了量化考核要求	是（　）否（　）	
		1.3.6 学校在招生宣传和新生入学教育时重点宣传了国际教育项目、活动和机会	是（　）否（　）	
		1.3.7 学校各院系指定了负责国际交流与合作的院领导和秘书	是（　）否（　）	
		1.3.8 学校在提拔干部和职称评聘时，将国际教育经历以及在国际化方面做出的贡献作为考虑的因素之一	是（　）否（　）	
		1.3.9 学校多数院系指定了负责来华留学生事务的工作人员	是（　）否（　）	

一级指标 (权重)	二级指标 (权重)	三级指标	选择打"√"	填写数据, 如有需要, 可简要描述
2. 组织 与制度 /12%	2.1 组织 保障 /6%	2.1.1学校成立了学校国际化工作委员会或领导小组	是( )否( )	
		2.1.2学校设有独立的国际交流与合作处(外事处)	是( )否( )	
		2.1.3学校成立了国际教学学院或类似机构,专门对留学生工作进行管理	是( )否( )	
		2.1.4学校在国(境)外大学校园内设立的联络办公室数		( )
		2.1.5学校加入的国际大学联盟组织数		( )
	2.2 制度 保障 /6%	2.2.1学校制订了本科生及研究生国际联合培养管理规定	是( )否( )	
		2.2.2学校制订了资助学生出国(境)外留学或参加国际会议的管理规定	是( )否( )	
		2.2.3学校制订了详尽的外事接待程序和管理规定	是( )否( )	
		2.2.4学校制订了奖励教师在国际重要学术刊物发表文章的管理规定	是( )否( )	
		2.2.5学校制订了来华留学生管理规定	是( )否( )	
		2.2.6学校制订了外籍教师管理规定	是( )否( )	
		2.2.7学校制订了师生因公出国(境)管理规定	是( )否( )	
		2.2.8学校制订了授予外籍人士名誉学衔的管理规定	是( )否( )	
		2.2.9学校在国际化进程中因地制宜地修订、废止或制订相关管理规定	是( )否( )	

一级指标（权重）	二级指标（权重）	三级指标	选择打"√"	填写数据，如有需要，可简要描述
3. 基础条件 /8%	3.1 硬件 /4%	3.1.1 学校在办公场地、办公条件等方面为学校的国际化工作提供了必要的保障	是（　　）否（　　）	
		3.1.2 学校修建了足够的留学生宿舍及活动场所	是（　　）否（　　）	
		3.1.3 学校修建了足够的外籍专家外籍教师公寓及活动场所	是（　　）否（　　）	
		3.1.4 学校为留学生和外籍教师提供了较好的生活与工作条件	是（　　）否（　　）	
		3.1.5 学校拥有丰富的外文书刊和电子教学资源	是（　　）否（　　）	
	3.2 软环境 /4%	3.2.1 学校拥有比较完善的英文网页并适时维护更新	是（　　）否（　　）	
		3.2.2 学校拥有学校及各院系英文版简介并及时更新	是（　　）否（　　）	
		3.2.3 学校拥有成型的英文版本科生及研究生培养计划	是（　　）否（　　）	
		3.2.4 学校定期印发有关国际教育机会的通讯或新闻简报	是（　　）否（　　）	
		3.2.5 学校定期通过学校网页或内部电子邮件系统将有关国际教育活动和机会的信息发布到各个院系	是（　　）否（　　）	
		3.2.6 学校经常在校园里举办各种国际文化活动（如系列讲座、文艺表演与比赛等）	是（　　）否（　　）	

附表2.10（续）

一级指标 （权重）	二级指标 （权重）	三级指标	选择打"√"	填写数据， 如有需要， 可简要描述
4. 人员的 国际性 流动 /15%	4.1 本校师资 /3%	4.1.1 在过去的 1 年里，学校有在国（境）外短期访学或合作研究经历（一周以上）的在册教师人数占全校教师的比例		（　　）
		4.1.2 在过去的 3 年里，学校有在国（境）外短期访学或合作研究经历（一周以上）的在册教师人数每年增长的速度		（　　）
		4.1.3 在过去的 1 年里，学校在册师资中出席在国（境）外举办的国际会议并在会上宣读过论文的人数占师资总人数的比例		（　　）
		4.1.4 在过去的 3 年里，学校在册师资中出席在国（境）外举办的国际会议并在会上宣读过论文的人数每年增长的速度		（　　）
	4.2 本校学生 /3%	4.2.1 在过去的 1 年里，学校有去国（境）外学习（交换或联合培养）经历的学生人数占学生总人数的比例		（　　）
		4.2.2 在过去的 3 年里，学校有去国（境）外学习（交换或联合培养）经历的学生人数每年增长的速度		（　　）
		4.2.3 在过去的 1 年里，学校组织学生赴国（境）外大学进行夏令营活动人数占学生总人数的比例		（　　）
		4.2.4 在过去的 3 年里，学校组织学生赴国（境）外大学进行夏令营活动的人数每年增长的速度		（　　）
		4.2.5 在过去的 1 年里，由导师或学校资助学生出国（境）参加国际学术或竞赛的人数		（　　）
		4.2.6 在过去的 3 年里，由导师或学校资助学生出国（境）参加国际学术会议或竞赛的人数每年增长的速度		（　　）
		4.2.7 在过去的 1 年里，学校去国（境）外大学从事博士后研究的学生或教师人数		（　　）
		4.2.8 在过去的 3 年里，学校去国（境）外大学从事博士后研究的学生或教师人数每年增长的速度		（　　）

附表2.10（续）

一级指标 （权重）	二级指标 （权重）	三级指标	选择打"√"	填写数据， 如有需要， 可简要描述
4. 人员的 国际性 流动 /15%	4.3 海（境） 外学者 /3%	4.3.1 在过去的 1 年里，来学校从事讲学或合作研究的短期国际学者（一周以上）人数占教师总人数的比例		（　）
		4.3.2 在过去的 3 年里，来学校从事讲学或合作研究的短期国际学者（一周以上）人数每年增长的速度		（　）
		4.3.3 在过去的 1 年里，来学校参加国际或双边学术会议的国际学者人数		（　）
		4.3.4 在过去的 3 年里，来学校参加国际或双边学术会议的国际学者人数每年增长的速度		（　）
	4.4 国际学生 /3%	4.4.1 在过去的 1 年里，从国（境）外来学校从事博士后研究的人数占博士后总人数的比例（适用于有博士后流动站的学校）		（　）
		4.4.2 在过去的 3 年里，从国（境）外来学校从事博士后研究的人数每年增长的速度（适用于有博士后流动站的学校）		（　）
		4.4.3 在过去的 1 年里，来学校参加交换项目的外国学生占学校学生总人数的比例		（　）
		4.4.4 在过去的 3 年里，来学校参加交换项目的外国学生人数每年增长的速度		（　）
		4.4.5 在过去的 1 年里，学校接受并安排来自国外大学参加学生夏令营活动的人数		（　）
		4.4.6 在过去的 3 年里，学校接受并安排来自国外大学参加学生夏令营活动人数每年增长的速度		（　）
		4.4.7 在过去的 1 年里，学校的留学生占全日制学生总人数的比例		（　）
		4.4.8 在过去的 3 年里，学校的留学生人数每年增长的速度		（　）
		4.4.9 在过去的 1 年里，学校留学生中学历生的人数占所有留学生人数的比例		（　）
		4.4.10 在过去的 3 年里，学校留学生中学历生的人数增长速度高于语言生人数的增长速度		（　）
		4.4.11 学校留学生来源国别逐年增长	是（　）否（　）	

附表2.10(续)

一级指标（权重）	二级指标（权重）	三级指标	选择打"√"	填写数据，如有需要，可简要描述
4. 人员的国际性流动/15%	4.5 接待与出访/3%	4.5.1 在过去的1年里，来学校交流访问的国（境）外大学代表团的人次		（ ）
		4.5.2 在过去的3年里，来学校交流访问的国（境）外大学代表团每年人次增长的速度		（ ）
		4.5.3 在过去的1年里，学校管理干部中参加学校组团出访的人数		（ ）
5. 教学与课程/10%	5.1 课程/7%	5.1.1 学校要求本科生上四个学期的外语课	是（ ）否（ ）	
		5.1.2 学校要求研究生上两个学期的外语课	是（ ）否（ ）	
		5.1.3 学校为学生提供外语语种选修课的门数		（ ）
		5.1.4 学校本科生必修课中含国际（比较）内容的课程占总课程数的比例		（ ）
		5.1.5 学校研究生必修课中含国际（比较）内容的课程占总课程数的比例		（ ）
		5.1.6 学校全英文或双语授课的课程数占总课程数的比例		（ ）
		5.1.7 学校鼓励教师使用英文原版教材	是（ ）否（ ）	
		5.1.8 学校为留学生专门开设了全英文或双语专业教学课程	是（ ）否（ ）	
		5.1.9 学校为交换来校留学生免费开设了汉语语言文化课	是（ ）否（ ）	
	5.2 联合培养/3%	5.2.1 学校开展了国外游学项目的院系数		（ ）
		5.2.2 学校在校内举办的中外合作办学学历项目数		（ ）
		5.2.3 学校在校内举办的中外合作办学非学历项目数		（ ）
		5.2.4 学校与国外高校建立了互认学分机制	是（ ）否（ ）	

一级指标 （权重）	二级指标 （权重）	三级指标	选择打"√"	填写数据， 如有需要， 可简要描述
6. 资金来源 与投入 /10%	6.1 资金来源 /2%	6.1.1 学校在外事经费方面为学校的国际化工作提供了必要的保障	是（　　）否（　　）	
		6.1.2 学校积极寻求并设有专门用于国际教育项目与活动的基金	是（　　）否（　　）	
		6.1.3 在过去的3年里，学校获得过国家层面的资金专门用于学校的国际项目和活动	是（　　）否（　　）	
		6.1.4 在过去的3年里，学校获得过省级层面的资金专门用于学校的国际项目和活动	是（　　）否（　　）	
		6.1.5 在过去的3年里，学校获得过私人团体（基金会、企业或是校友）资助专门用于学校的国际项目和活动	是（　　）否（　　）	
		6.1.6 在过去的3年里，学校获得过其他来源的资助专门用于学校的国际项目和活动	是（　　）否（　　）	
	6.2 对师资 与管理人员 的投入 /2%	6.2.1 在过去的3年里，学校拨专款资助教师带队本科生或研究生赴国（境）外学习或实习	是（　　）否（　　）	
		6.2.2 在过去的3年里，学校拨专款资助教师赴国（境）外大学任教或开展研究	是（　　）否（　　）	
		6.2.3 在过去的3年里，学校拨专款资助教师参加在国（境）外举办的国际学术会议	是（　　）否（　　）	
		6.2.4 在过去的3年里，学校拨专款资助教师赴国（境）外大学学习	是（　　）否（　　）	
		6.2.5 在过去的3年里，学校拨专款资助教师进行课程国际化的探索	是（　　）否（　　）	
		6.2.6 在过去的3年里，学校为教师提供了提高外语技能的机会	是（　　）否（　　）	
		6.2.7 在过去的3年里，学校为教师设置了参与国际化活动的特定奖励	是（　　）否（　　）	
		6.2.8 在过去的3年里，学校拨专款用于资助管理人员赴国（境）外大学短期学习或工作	是（　　）否（　　）	
		6.2.9 在过去的3年里，学校为教师和管理人员举办了国际礼仪讲座	是（　　）否（　　）	

一级指标（权重）	二级指标（权重）	三级指标	选择打"√"	填写数据，如有需要，可简要描述
6. 资金来源与投入/10%	6.3 对学生的投入/2%	6.3.1 在过去的1年里，学校资助学生出国（境）参加交换或联合培养项目的预算资金数		（　　）
		6.3.2 在过去的3年里，学校资助学生出国（境）参加交换或联合培养项目的预算资金数每年增长的速度		（　　）
		6.3.3 在过去的1年里，由学校或导师资助学生出国（境）参加国际会议的资金数		（　　）
		6.3.4 在过去的3年里，由学校或导师资助学生出国（境）参加国际会议的资金数每年增长的速度		（　　）
		6.3.5 学校专门设置了来华留学生奖学金	是（　　）否（　　）	
		6.3.6 学校设有专款用于来华留学生的招生宣传活动	是（　　）否（　　）	
	6.4 对国际科研合作的投入/2%	6.4.1 学校对教师参与国际合作科研给予资金配套支持	是（　　）否（　　）	
		6.4.2 在过去的3年里，学校对教师参与国际合作科研给予的资金配套数每年增长的速度		（　　）
		6.4.3 在过去的3年里，学校对教师在国际学术刊物上发表文章给予奖励		（　　）
		6.4.4 在过去的3年里，学校对教师在国际学术刊物上发表文章给予的奖励预算每年增长的速度		（　　）
		6.4.5 在过去的3年里，学校对教师在国际合作项目中取得的专利给予奖励	是（　　）否（　　）	
		6.4.6 在过去的3年里，学校对教师在国际合作项目中取得的专利给予奖励的预算每年增长的速度		（　　）
	6.5 对基础设施的投入/2%	6.5.1 在过去的1年里，学校用于购买图书、外文期刊以及电子资源的预算数		（　　）
		6.5.2 在过去的3年里，学校用于购买图书、外文期刊以及电子资源的预算每年增长的速度		（　　）
		6.5.3 在过去的1年里，学校用于国际化软环境建设的预算数		（　　）
		6.5.4 在过去的3年里，学校用于国际化软环境建设的预算数每年增长的速度		（　　）

一级指标 （权重）	二级指标 （权重）	三级指标	选择打"√"	填写数据， 如有需要， 可简要描述
7. 师资的海（境）外背景/15%	7.1 本校师资/8%	7.1.1 学校在册师资中有在国（境）外留学或工作背景（三个月以上）的人数占师资总人数的比例		（　）
		7.1.2 学校在册师资中有在国（境）外留学或工作背景的人数每年增长的速度		（　）
		7.1.3 学校在册管理人员中有在国（境）外留学或工作背景（三个月以上）的人数占管理人员总数的比例		（　）
		7.1.4 学校在册师资中在国际学术刊物中担任编委的人数占师资总人数的比例		（　）
		7.1.5 学校在册师资中在国际学术刊物中担任编委的人数每年增长的速度		（　）
		7.1.6 学校在册师资中在国际学术刊物中担任评论员的人数占师资总人数的比例		（　）
		7.1.7 学校在册师资中在国际学术刊物中担任评论员的人数每年增长的速度		（　）
		7.1.8 学校在册师资中有海（境）外经历并能熟练使用外语讲授专业课程的教师占教师总人数的比例		（　）
		7.1.9 学校在册师资中有海（境）外经历并能熟练使用外语讲授专业课程的教师人数每年增长的速度		（　）
	7.2 国际师资/7%	7.2.1 学校的外籍教师（长短期）占教师总人数的比例		（　）
		7.2.2 学校外籍教师（长短期）人数每年增长的速度		（　）
		7.2.3 受聘于学校的国（境）外名誉学衔人数占教师总人数的比例		（　）
		7.2.4 受聘于学校的国（境）外名誉学衔人数每年增长的速度		（　）

一级指标 （权重）	二级指标 （权重）	三级指标	选择打"√"	填写数据， 如有需要， 可简要描述
8. 国际/ 港澳台 科研合作 /10%	8.1 主体 /1%	8.1.1 在过去的1年里，学校在册师资中在国（境）外高校或研究所进行合作研究的人数占师资总人数的比例		（　）
		8.1.2 在过去的3年里，学校在册师资中在国（境）外高校或研究所进行合作研究的人数每年增长的速度		（　）
		8.1.3 在过去的1年里，学校在册师资中获得国际项目资助的人数占师资总人数的比例		（　）
		8.1.4 在过去的3年里，学校在册师资中获得国际项目资助的人数每年增长的速度		（　）
	8.2 项目 /1%	8.2.1 在过去的1年里，学校在册师资与国（境）外同行申报成功的国际合作项目数		（　）
		8.2.2 在过去的1年里，学校在册师资与国（境）外同行申报成功的国际合作项目总经费数		（　）
		8.2.3 在过去的1年里，学校在册师资与国（境）外同行申报成功的地方或省部级合作引智项目数		（　）
		8.2.4 在过去的3年里，学校的国际科研合作项目在数量、经费和影响力方面都在逐年增长	是（　）否（　）	
	8.3 论文 /2%	8.3.1 在过去的1年里，学校在册师资在国际学术刊物上发表过论文的人数占师资总人数的比例		（　）
		8.3.2 在过去的3年里，学校在册师资在国际学术刊物上发表过论文的人数每年增长的速度		（　）
		8.3.3 在过去的3年里，学校在册师资在国际学术刊物上发表的论文被引用频次总数		（　）
	8.4 专利 /1%	8.4.1 在过去的1年里，学校成功申请到的国际科技专利数		（　）
		8.4.2 在过去的3年里，学校成功申请到的国外科技专利数每年增长的速度		（　）
		8.4.3 在过去的1年里，学校在国际科研合作项目中获得的专利数占学校专利总数的比例		（　）
		8.4.4 在过去的3年里，学校在国际科研合作项目中获得的专利数每年增长的速度		（　）
	8.5 获奖 /1%	8.5.1 在过去的1年里，学校获得的国际科技奖项数		（　）
		8.5.2 在过去的3年里，学校获得的国际科技奖项数每年增长的速度		（　）

一级指标 （权重）	二级指标 （权重）	三级指标	选择打"√"	填写数据， 如有需要， 可简要描述
8. 国际/港澳台科研合作/10%	8.6 在校内举办的国际（双边）会议/1%	8.6.1 在过去的1年里，学校举办的国际（双边）会议数		（　　）
		8.6.2 在过去的3年里，学校举办的国际（双边）会议数每年增长的速度		（　　）
		8.6.3 在过去的几年里，学校通过在校内举办国际（双边）会议有效地提升了学校在学术界的国际影响力	是（　　）否（　　）	
	8.7 合作机构/3%	8.7.1 学校在国（境）外大学校园内设立的教学与研究机构数		（　　）
		8.7.2 国（境）外大学与学校在校园内共同建立的具有相当影响力的联合实验室或教学与研究机构数		（　　）
		8.7.3 学校拥有的"111"引智基地数（适用于"985"学校）		（　　）
9. 特色项目/5%	自定/5%	根据学校情况，列举2~3个学校认为很有特色的国际化项目		（可在自评报告中详细描述）